基金项目：江苏高校哲学社会科学研究项目（2019SJA1742）；
　　　　　盐城工学院教改研究重点资助课题（JYKT2019A034）

地方高校工程实践教育师资团队建设创新探索

高建慧◎著

吉林人民出版社

图书在版编目（CIP）数据

地方高校工程实践教育师资团队建设创新探索 / 高建慧著. -- 长春：吉林人民出版社，2021.4
ISBN 978-7-206-18067-5

Ⅰ.①地… Ⅱ.①高… Ⅲ.①地方高校—师资队伍建设—研究—中国 Ⅳ.①G645.12

中国版本图书馆CIP数据核字（2021）第067154号

责任编辑：刘　学
封面设计：清　风

地方高校工程实践教育师资团队建设创新探索
DIFANG GAOXIAO GONGCHENG SHIJIAN JIAOYU SHIZI TUANDUI JIANSHE CHUANGXIN TANSUO

著　　者：高建慧
出版发行：吉林人民出版社（长春市人民大街7548号　邮政编码：130022）
咨询电话：0431-85378088
印　　刷：长春市华远印务有限公司
开　　本：710mm×1000mm　1/16
印　　张：8.5　　　　　　　　　字　　数：130千字
标准书号：ISBN 978-7-206-18067-5
版　　次：2021年4月第1版　　　印　　次：2022年3月第1次印刷
定　　价：50.00元

如发现印装质量问题，影响阅读，请与印刷厂联系调换。

前　言

随着经济的快速发展，社会对工程人才的要求和依赖程度越来越高，工程教育问题日益受到关注。社会对工程师的综合要求越来越高，体现在工程项目的复杂性、多尺度性、多学科和跨学科性、不确定性等诸多方面，高等工程教育也面临着人才培养模式的变革。高等工程教育教师是实现高等工程教育培养目的最重要的资源，高等工程教育教师培养是提高高等工程教育质量的关键环节。针对提高高等工程教育质量的关键要素，即高等工程教育教师的培养问题，有必要进行创新探索，提高我国高校工程教育师资的水平，从而更好地为我国工业进一步发展贡献力量。

本书抓住"工程教育"这一核心词，通过对工程教育、工程实践教育等理论的阐释，层层递进地展开论述，进而探索工程教育教师培养与师资团队建设的创新策略。尤其是在工程教育教师培养与师资团队建设方面，分别从继续教育、产学研融合、学习型团队和工程伦理教育这几个角度进行创新性探索。希望通过阅读本书，能够为从事相关专业领域工作、学习和研究的同仁提供一些经验、借鉴和启发。

本书在撰写过程中参考及引用了诸多文献资料，在此向有关作者表示感谢；同时，也感谢出版社编辑的辛苦付出。由于笔者水平有限，加之时间仓促，书中难免有疏漏之处，敬请各位同行、专家提出修改意见及建议。

目 录

第一章　高等工程教育概述 ··· 001
　　第一节　高等工程教育的基本概念 ······························· 001
　　第二节　工程教育的特征与目标要求 ···························· 012
　　第三节　我国高等工程教育发展概况与现状 ················· 014
　　第四节　我国高等工程教育面临的问题与挑战 ············· 019

第二章　我国高等工程教育人才培养模式探索 ················ 026
　　第一节　明确目标定位，改善办学模式 ······················· 026
　　第二节　共建"产学研平台"，培养工程创新人才 ········ 031
　　第三节　加强国际交流合作，促进工程人才培养全球化 ··· 032
　　第四节　创新多样化工程人才培养模式 ······················· 036

第三章　我国高等工程实践教育概述 ······························· 038
　　第一节　高等工程实践教育的国外经验与理论基础 ······ 039
　　第二节　我国高等工程教育实践教学存在的问题及其原因 ········ 043
　　第三节　我国高等工程教育实践教学创新探索 ············· 048

第四章　我国高校工程教育教师培养体系创新探索 ·········· 058
　　第一节　高等工程教育教师培养的理论研究 ················ 058
　　第二节　国内外高等工程教育教师的培养现状 ············· 063
　　第三节　高等工程教育教师培养存在的问题及原因分析 ··· 069
　　第四节　高等工程教育教师的特征规格 ······················· 073
　　第五节　高等工程教育教师培养体系构架 ···················· 080
　　第六节　高等工程教育教师培养体系的运行与实施 ······ 089

第五章　我国高校工程教育教师团队建设创新探索……………………096
　第一节　工程教育师资团队继续教育建设机制研究 …………………096
　第二节　产学研融合下的高校工程教育师资团队创新绩效研究 … 101
　第三节　学习型师资团队建设创新探索 ………………………………108
　第四节　探索高校师资团队工程伦理教育策略 ………………………119

参考文献………………………………………………………………………128

第一章　高等工程教育概述

回顾整个人类发展历史，就会发现：如果没有工程技术的发展与革新，就不会有人类的现代文明。工程技术在人类社会发展过程中起着重要的作用，工程活动对人类社会的发展影响也越来越大。无论是交通、能源、通讯电子，还是生物科技、微波技术等工程科技，都深入人们的生活，成为生活中不可缺少的一部分。掌握工程技术的工程人才逐渐成为社会经济发展的中坚力量。在这样的前提下，培养各类工程人才的工程教育特别是高等工程教育的作用显得尤为突出。

社会经济的发展需要大量的工程技术人员，同时也需要具备综合素质的工程科学、技术、管理方面的人才。这些各级各类的工程技术和管理人才是实现新技术应用和开发的主体，在经济发展中扮演着越来越重要的角色。国家经济和科技的发展很大程度上要依赖高等工程教育所培养的各级各类工程人才。21世纪，人类社会面临着前所未有的巨变，信息、生物、能源等技术的发展和环境科学的不断出现，使得科学领域里产生了许多新兴学科和边缘学科以及相关的核心技术。这些科学技术对工业各行业产生了巨大的推动作用，使许多领域已经或正在发生革命性的变化。这些工业行业的发展离不开高等工程教育为工程人才提供的系统和严格的训练，离不开高等工程教育人才培养模式的选择和清晰明确的目标定位。

第一节　高等工程教育的基本概念

一、工程的定义

关于工程的定义，国内外不同学者有不同的解释。

（一）国外关于工程的定义

在《科学和技术百科全书》（1982年版）中，将工程定义为"工程是利用丰富的自然资源供人使用并提供方便的技艺"。

美国工程教育协会（ASEE）将工程定义为：一种运用科学和数学原理、经验、判断和常识来造福人类的艺术，一种通过生产技术产品或系统以满足具体需要的过程。

《韦伯斯新世界词典》（1985年版）则认为工程是"关于将科学知识转化为实际用途的科学"。

美国麻省理工学院认为：工程就是关于人类对科学知识和技术的开发和应用，目的是满足人类在社会的物质、经济、人力、政治、法律以及文化上的需要，在整个过程中强调创造性的重要。

（二）国内关于工程的定义

国内学者也对工程有不同的理解。

钱学森在《系统、系统科学和系统论》一文中，从系统层次的结构把工程分为基础科学、工程技术；指出了科学世界是世界的理论层次，而工程技术是改造世界的实践层次。

朱高峰院士（2007）认为："工程是人类综合应用科学理论和技术手段，改造世界、创造财富的实践活动。工程内容包括建设项目、技术改造、研究开发等活动，也包括他们的前期工作，如规划、战略、设计等活动。"

王沛民教授（1994）认为，工程是人类"利用自然、控制自然和创造人工自然"的活动，或者说，是"按照人类的目的而使自然界人工化的过程"。

笔者认为，美国麻省理工学院关于工程的定义，较为符合当今社会对现代工程的定义。

二、工程教育的定义

随着第一次产业革命的兴起，社会对工程技术人才的需求不断扩大，工程教育应运而生。作为教育的一个类别，工程教育有广义和狭义之分。广义的工程教育，是指培养工程人才的社会活动；狭义的工程教育，是指培养工程人才的学校教育。

王孙禺、张维在《工程教育与工业竞争力》一书中，将工程教育定义为"以技术科学为主要学科基础的培养工程技术人才的专门教育"。李正、林凤在《从工程的本质看工程教育的发展趋势》一文中认为："工程教育是根据一定社会要求和受教育者身心发展规律，由工程教育者有目的、有计划、有组织地对受教育者身心施加全面系统影响以达到预期目的的社会活动过程。"

笔者认为，工程教育是根据社会发展需要，以技术科学为主要学科基础，培养不同类型工程技术人才的专门教育。

三、高等工程教育的定义

对于高等工程教育的界定，张光斗教授在《中国高等工程教育》一书中将其概念界定为"高等工程教育是高等教育的一个分支，它属于技术教育范畴，是自然科学、工程技术科学理论与现代生产技术实践相结合的工程科学技术教育"[①]。其主要任务是培养能将科学技术转化为生产力的工程科学人才和工程技术人才。

四、工程师的定义与分类

（一）工程师的定义

工程师是指在工程专业领域内承担研究、开发、设计、制造、运行、实验、营销和教育职责，应用工程技术科学和其他有关科学知识，通过应用研究和发展研究，解决工程技术中的具体问题的工程科技人才。

关于工程师，冯·卡门曾经说过："科学家发现已有的世界，工程师

---

① 张光斗，王冀生. 中国高等工程教育［M］. 北京：清华大学出版社，1995.

创造未来的世界。"这是对科学家和工程师的区别作出了鲜明的界定。

那么杰出的工程师具备的工程素质包括哪些呢？笔者认为至少包括以下几点：

首先，精深的工程知识背景。精深的专业知识是成为一名优秀工程师的基本条件，没有深厚的基础知识就难以展开相关工程技术操作，其他更是无从谈起。

其次，扎实的实践操作能力和预见、创新能力。工程实践往往操作性较强，这就要求工程师解决实践问题的动手能力必须要强，包括搜集处理信息能力，分析解决问题的能力，乃至组织管理开发、应用、创新的能力等。要求其在吸纳知识的同时，也具备消化、处理、过滤、创新知识的能力。

再次，广博的人文和社会科学素养。工程是一个完整的系统，工程问题具有综合性、复杂性的特点，它的解决可能需要跨越很多个相关的学科领域，会涉及艺术、审美、社会、人文，甚至是经济、法律、环境等多个领域。因此，工程师必须具备广博的人文科学和社会科学素养。

最后，良好的品格和职业操守。俗话说"德不高，而行不远"，良好的品格是一个人做事做人的前提，卓越工程师往往处于工程技术领域的前沿或关键地位，他们个人的品德好坏直接影响着工程的发展方向和工程质量，卓越工程师必须具备良好的个人品格和职业道德，才能更好地为工程服务，为人民服务。

以上四个方面共同组成了卓越工程师的工程素质，缺一不可。

（二）工程师的分类

1. 工程师分类的必要性

工程教育的目标就是培养各级各类的工程师，工程师类型的划分直接关系到高校对工程人才的培养目标定位和模式的选择。

首先，工程师分类从客观上反映了社会对工程人才层次和类型的需求，经济社会的发展对工程人才提出了多层次、多类型、多样化的要求，对这些要求按照工程师所发挥的作用、工作性质、承担的责任等予以具体分析和归纳，进而分出适用于不同工程学科、不同工业产业的工程师类型，就能客观全面地反映整个社会对工程人才培养的需求。

其次，工程师分类有利于高校明确自己人才培养目标的制定和培养模式的选择。有了明确的工程师分类标准，高校可以结合自身办学层次和办学优势，准确选择合适的工程师类型作为自己工程人才培养的主要目标，避免"千校一面"、办学目标趋同的现象。

最后，明确的工程师分类便于促进企业与高校之间的合作。企业、工业界可以根据不同类型的工程人才需求与不同层次和不同类型的工程人才培养院校进行合作。一方面，便于企业选拔人才；另一方面，可以促进高校明确不同类型的工程人才培养定位。

2. 美国工程师的分类

美国工程师分为两类：一类是实习工程师，这类工程师要求具备美国工程技术委员会（ABET）认证的学士学位或同等学力，并且通过美国工程与质量考试委员会（NCEES）的工程基础知识考试才能成为实习工程师。实习工程师允许从事一定的工程业务，但无独立开业资格。另一类是职业工程师，这类工程师是在实习工程师的基础上经过4年的工作经验积累，再度通过美国工程与质量考试委员会组织的工程实践和原理考试就可以成为职业工程师。

随着经济的发展，美国这种简单划分工程师标准的方式逐渐暴露出一些弊端，不能适应新的行业需要。在此背景下，2003年由NCEES提交报告，建立了新的阶梯式的工程师注册体系。这种阶梯式的划分方法是将传统划分方法进行了细化，将工程师分为学士工程师、副学士工程师、注册工程师和职业工程师4种类型。其中，学士工程师只需要具备ABET认证的学士学位即可，不需要获得注册资格和实践许可；副学士工程师除了具备学士工程师的条件外，还要通过NCEES组织的工程基础考试；注册工程师在具备学士学位和通过工程基础考试的基础上还要具备4年的工作经验，强调工程师的实践能力；职业工程师除了具备上述3种工程师条件外，还要通过NCEES组织的工程实践和原理考试，通过考试者即为职业工程师。

3. 英国工程师的分类

英国工程师的分类分为工程技术员、技术工程师和特许工程师。这3

类工程师在学历和能力的具备方面各有差异。工程技术员在学历要求上较低，只需具备国家承认的相应文凭或学位即可，一般都是对现有技术的应用，从事产品生产、设备维修、操作等；技术工程师在学历要求上相对高一点，必须具备认证的工程学士学位或文凭，不但可以运用现有技术，还可以对其进行必要的开发；特许工程师在学历要求上更高一些，往往要达到硕士同等学力要求，在技术方面不仅限于运用和开发现有技术，更加侧重于创造新的技术、新的思想、新的方法。

4. 我国工程师的分类

我国目前采用了工程师等级划分，按照初、中、高3个级别把工程技术人才划分为技术员、助理工程师、工程师、高级工程师和教授级工程师5个层次。但是这种划分标准并没有与高校工程人才培养相结合，缺乏从工程人才成长和培养角度考虑知识、能力、工程素养等综合因素，没有配套的培养体制支撑，只是单纯从职称的角度来考虑，因而难以成为行业和企业公认的标准。

在工程实践过程中工业界和企业界普遍认同的一种新的划分方法是将工程师分为服务工程师、生产工程师、设计工程师和研发工程师4种类型。各种类型工程师的成长途径有所差异，在大学工程人才培养阶段其培养模式、学历和能力要求也不尽相同。服务工程师和生产工程师可以统称为应用型工程师，在学历层次上一般具备本科学历，具备一定的理论基础；服务工程师主要可以从事工程项目的服务、运行、维护或产品的营销与服务；生产工程师主要从事工程项目的建造、产品的生产制造；设计工程师主要从事新产品、工程项目或生产过程的设计与开发，在学历上一般为4年本科加两年硕士，具有扎实的理论基础、宽广的知识面、较强的技术创新能力和工程实践能力；研发工程师主要从事复杂产品或大型工程项目的研究、开发和咨询以及工程科学的研究，在学历上一般比设计工程师又高一个层次，除了研究生期间的学习，还要经历3—5年的博士学习。因此，他们应具有精深的专业理论基础、超卓的技术创新能力和植根于丰富工程经验的全面的综合素质，可以创造出具有国际竞争力的专利技术、专有技术、尖端产品或高技术含量的工程项目的能力。

五、工程教育人才培养模式概述

关于人才培养模式，《现代汉语辞海》对"培养"的解释是："为一定的目的长期教育和训练，使成长发展"，对"模式"的解释是："某种事物的标准样式或使人可以照着做的标准形式"；四川师范大学的朱展利认为："人才培养模式即人才培养的标准形式（或样式），它合乎一定的准则，使人可以照着做"；张光斗院士把工科大学的人才培养模式定义为"指人才培养的内容和要求、培养规格、培养学制和方法"。

对我国工程教育人才培养模式的研究，即对我国高等工程教育中人才培养的内容、要求、具体培养规格、培养学制和方法等方面的研究。

（一）国外关于工程教育人才培养模式的研究综述

对国外工程教育人才培养模式的研究一直是学界关注和重点研究的问题。

关于美国工程教育发展历史，值得一提的是《美国工程教育简史》。它相当完整地回顾了美国工程教育从19世纪初期到20世纪70年代的发展历史：19世纪初叶至1862年之前的发端过程和1862年—1893年的成长过程；1893年—1914年间，美国工程教育走上了自己的发展道路，专业学会纷纷建立；1914年—1940年是美国工程教育的评价时期；1941年—1968年是美国工程教育的"科学化"时期；1968年以后是"卷入时期"。可以说，《美国工程教育简史》是现今了解美国工程教育的最佳入口。

柳宏志教授在《综合就是创造——综合工程教育模式的探索》一文中详细介绍了美国工程教育的改革发展轨迹：从1986年美国国家科学理事会（NSB）发表《大学科学、数学及工程教育》（即《尼尔报告》）和20世纪90年代初MIT校长Vest提出"大工程观"的概念开始，美国科学、技术、工程和数学（STEM）学科综合集成战略就已初露端倪，"大科技观"的教育理念逐步得以确立。在此期间，《重建本科教育》《博耶报告》（1998）、《维护国家的创新生态系统：保持美国科学和工程能力之实力》（2004）、《2020的工程师：新世纪工程的愿景》（2004）、《迎击风暴》（2005）、《2020的工程师：新世纪工程教育的变革》（2005）、

《美国2020工程师计划》等重大报告先后出台,这些报告普遍针对工科人才培养和工程教育改革的战略。文中还详细介绍了关于CDIO模式的探索和改革:从2000年MIT和瑞典皇家工学院的初步探索到2004年CDIO工程教育理念的正式成立。我们可以通过对国外工程教育发展模式的分析和借鉴,探讨综合工程教育的培养目标、指导思想、培养模式和课程设置等。

呼文亮、王峥、于福莹对法国高等工程教育有所研究,在《法国工程师教育与企业的关系》《法国工程师培养模式物理实验教学的特点与启示》《我国硕士层次卓越工程师培养模式探析——鉴于法国高等专业工程师教育》等文献中总结出:从生源选拔来看,法国工程师培养生源选拔制度相当严格。工程师是有条件的精英教育,优秀的高中毕业生(前10%左右)需要先在预科学校进行2—3年的学习,再通过严格的考试,才能进入理想的工程师学院。在法国每年大约有70万高中毕业生,能进入工程师学院学习的仅为1.2万人,可见选拔之严格。从教学内容和课程设置来看,法国在工程师培养过程中学校与企业共同设置课程,教学内容根据企业的需要不断调整,没有指定的教材和课本,只有教师的讲义,学生要有非常好的记笔记能力。从重视实践的程度来看,法国工程师教育过程中非常重视实践的作用。可以说,实践伴随着工程师人才培养的始终,很多教师都是聘用的有经验的企业工程师;学校里设有与专业相当的工作车间及实验室,学生可以自己设计制作产品;很多工程师学院办有与自己专业相关的下属企业,方便学生参与企业生产及管理;同时,学生每年都有不同时间要求的企业实习,从普通工人身份到技术员身份再到工程师身份,直至可以离校参加工程师工作,这一过程始终贯穿着实践。

张安富、于森在《德国工程师培养模式及借鉴价值》《德国工程师培养模式历史演变及特点》等文章中详细介绍了德国工程教育和工程师制度概况及德国工程师培养模式的特色,将工程教育与工程师资质制度融为一体,工程教育以培养成品工程师为目标,建立专业认证与工程师资质的国际互认机制等特色对我国工程教育改革有所启发。

吴志功在《论现代高等工程教育人才培养方向》中通过对国外高等教育现状的比较分析:从早期欧洲重视实用技术到技术革命后重视科研、

学科理论基础和工程科学教育，导致与工程实际逐渐脱节；到20世纪80年代"大工程观""重构工程教育"回归工程实际；进而到21世纪，"美国2020年的工程师教育计划"重视实践与教学的统一，人文科学与理工知识的结合等新趋势，总结认为，现代高等工程教育人才培养的方向应该是兼具科学家的素质、工程师的动手能力、企业家的思想的复合型人才，并应以之为目标对高等工程教育人才培养模式进行改革和创新。

在高等工程教育人才培养模式中关于课程的创新方面，一些学者也介绍了欧美国家的一些做法。

陈乐教授在《课程重建：欧洲工程教育改革的启示》一文中，介绍欧洲工程教育三项大型改革计划，即H3E计划、E4计划、TREE计划，重点阐述E4计划中的创新课程体系主题，分析研究了其结果导向、课程创新和自主选择的核心改革思想与举措，并对我国工程教育改革发展提出了相应计划。

方宓军教授在《美国高等工程教育课程设置特点及其启示》一文中，通过分析麻省理工学院的课程设置理念、课程设置模式和培养目标，借鉴国外工程院校的办学经验，建议我国从根本上改革教学内容和课程体系，打破学科专业壁垒，回归高等教育的本质属性，设置综合化的课程体系并在培养过程中重视与企业联系加强工程训练等建议，适应科学综合化和现代工程的要求。

（二）国内关于工程教育人才培养模式的研究综述

清华大学教授王孙禺、曾开富在《"工程创新人才"培养模式的大胆探索》一文中详细阐述了工程教育人才培养模式，回答"培养什么样的人"和"怎样培养人"的问题，强调人才培养目标和人才培养措施两方面的问题。以美国欧林工学院为例从层次、专业、竞争力、课程等几个方面分析了欧林工学院的人才培养模式，探讨其中值得我国借鉴吸收的经验。

叶树江、廖娟、张安富等学者分别阐述了观点。叶树江教授在《论"卓越计划"工程应用型人才的培养模式》一文中，在对国内外卓越工程师培养模式研究的基础上，通过对工程应用型人才的需求分析，确定应用型卓越工程师的培养目标，构建应用型卓越工程人才培养体系，提出更新观念、改革人才培养方式来实施人才培养新途径的措施。廖娟在《美国工程师培养模式研究》一文中，探讨美国工程师的培养模式，从教育系统、政府、行业协会、企业4个角度来详细解读美国对工程师的培养，从而为我国工程教育人才培养模式提供借鉴和启示。张安富教授在《实施"卓越工程师教育培养计划"的思考》一文中，在介绍欧美工程师培养模式的基础上，探讨工程师培养的中国模式，辩证分析了工程师培养过程中专业化与宽泛视野的关系、校内培养与校外培养的关系、共性要求与特色发展的关系、小范围试点与工程教育全面改革的关系，为我国工程人才培养模式提供建议。

清华大学林建教授对工程师培养模式和工程师分类进行了专项探讨，在《工程师的分类与工程人才培养》一文中，阐述了工程人才培养与工程师分类关系密切，并提出了工程师的分类原则，将工程师分为服务工程师、生产工程师、设计工程师和研发工程师4种类型，同时提出工程师培养标准的构成和各类工程师的培养标准及成长途径。

中国工程院朱高峰院士在工程教育发展现状、工程教育与创新人才及工程综合等方面研究较多，发表了系列文章：《创新人才与工程教育改革》《创新与工程教育》《高等工程教育研究的战略意义》《论工程的综合性》《中国的工程教育——成绩、问题和对策》《中国工程教育的现状和展望》等。

北京交通大学查建中教授侧重工程实践、工程教育全球化等方面的研究，他在《论"做中学"战略下的CDIO模式》一文中详细阐述了CDIO模式，从2000年起通过以MIT为首的几十所大学的实施情况和取得的成效，分析了CDIO与"产学合作"和"国际化"的关系。在文章《面向经济全球化的工程教育科学发展观》和《论工程教育国际化》中论述了经济全球化形势下世界各国所面临的挑战和机遇，对工程人才在数量和质量上更高的要求，以及工程教育国际化的必然性。其主张建立校园的国际教育环境、发展国际产学合作、开展国际交流、培养国际化人才和师资等。

在工程人才培养模式的产学结合方面，查建中教授在《面向经济全球化的工程教育改革战略——产学合作与国际化》中，详细分析了我国工程教育与产业合作的障碍，从国内、国际经济发展对人才培养的需求出发，提出推行产学合作的战略建议。朱高峰院士在《工程教育中的几个理念问题》一文中，强调工程教育中的产学研结合必须唱响"全社会各主体共担责任"的主旋律。国家层面要加强相关立法，企业层面要以培养人才为己任，学校层面要更好地把理论和实践紧密结合起来。

在国内关于高等工程教育实证研究方面，北京师范大学钟秉林教授、上海交通大学刘少雪教授、清华大学李曼丽教授分别用实证分析的方式探究了高等工程教育研究的现状。钟秉林教授在《我国高等工程教育研究的现状分析与未来展望——近5年高等工程教育研究论文的量化分析》一文中，对2005年—2009年国内教育类和社会科学综合类期刊以及其他领域的相关期刊中与高等工程教育有关的文献进行研究，通过文献计量学分析以及对相关研究的梳理，得出我国高等工程教育研究的现状特点及未来发展建议。刘少雪教授在《我国高等工程教育研究现状、问题及原因分析——基于〈高等工程教育研究〉的实证研究》一文中，以《高等工程教育研究》作为样本，对该刊1997年—2006年的全部文献进行统计、分析。通过关于工程教育的论文数量分析、论文作者分析、论文类型分析、研究主题分析得出高等工程教育的研究现状和存在的诸多问题。李曼丽在《改革开放30年来工程教育比较研究回顾与思考》中对我国改革开放30年间国内学者对国内外工程教育的研究成果进行总结和探讨，总结学界对国内外工程教育研究取得的成绩，思考我国工程教育研究和改革的思路。

目前中国仍然处于工业化中期，这样的历史阶段迫切需要大量的工程人才。在这样的历史时期，中国高等工程教育的发展是培养工程人才、发展社会经济、促使国家和平崛起的重要保证。同时，在工程教育全球化的背景下，我国需要研究工程教育，特别要研究工业化中期阶段工程人才的需求和特性，以及工程教育的规律。特别是在国际形势下，我国各个行业在这种全球化背景下深受影响，必须对产业升级和转型带来的技术和人才新需求进行思考。可以说，不断加强对各行业专业技术人员的工程教育和培训，是我国高等工程教育及相关业界、人士必须面临的严峻问题。

第二节 工程教育的特征与目标要求

一、工程教育的特征

工程教育有实践性、综合性、创新性、伦理性、全球性等多方面特征。

首先,工程教育具有实践性特征。实践性是工程教育的本质属性,工程是特定的实践活动,工程师作为实践活动的主体在参与实践活动时要解决具体的工程实际问题,因此,工程师必须具有实践能力。相应的,在工程教育过程中必须重视工程人才实践能力的培养。

其次,工程教育具有综合性特征。工程实际操作或运行过程中往往具有比较复杂、综合和交叉的特点,这在客观上要求工程教育在人才培养过程中要注重复合型知识的传授和实践应变能力的培养。例如:在某一项大桥设计工程项目中,可能会运用到工程力学知识、桥梁结构专业知识、艺术和审美知识等不同学科的综合知识,建造卓越的工程项目需要具备综合各种学科知识的能力。因此,在工程教育过程中,综合性也是其不可缺少的本质特征。

第三,工程教育具有创新性特征。创新是以新思维、新发明和新描述为特征的一种概念化过程,是人类特有的认识和实践能力。创新是工程师的灵魂,是工程教育的核心。创新是每一名优秀工程师必须具备的品质,这种能力不是与生俱来的,是在工程教育过程中逐步形成的。开放式的教学实践环境、科学合理的教学方式可以促使学生创新意识和创新能力得到培养。在工程教育过程中,激发学生的创新思维和创新能力的培养具有不可动摇的核心地位。

第四,工程教育具有伦理性特征。21世纪,人类面临着越来越多的能源和环境问题,这些问题对工程师的工程伦理道德提出了更高的要求。既要尊重自然、保护生态,又要发展人类经济和生活,我们的工程师不再是简单的技术改进者，更是人类生存发展的依赖者，这就要求工程师不仅具备相应的工程科学技术，还要有工程伦理道德。因此，在工程教育过程中工程师的工程伦理性成为不可缺少的一部分。

最后，工程教育具有全球性特征。经济的全球化对工程人才提出全球化的要求，工程实践因各国语言、文化、习俗的不同而不同，社会更加需要具有国际视野、能够应对不同文化背景的工程师。因此，在工程教育过程中要加强国际交流和合作，拓展国际视野，加强培养工程师的实践能力和国际适应能力，从而提高工程师的国际竞争力。

二、工程教育的目标要求

工程技术人才在社会发展过程中具有数量、质量和创新等方面的现实目标需求。

首先，工程人才在数量上需求量大。因为，中国目前仍处于实现工业化的过程中，因此需要大批合格的工程技术人才和具备综合素质的工程科学、技术、管理方面的人才。特别是伴随着信息技术、生物技术、能源技术、空间技术、纳米技术及环境科学的不断出现和快速发展，更加需要不同领域的制造者、开拓者和创新者。促进国民经济的发展，很大程度上依靠高等工程教育所培养出来的各级各类的工程人才。

其次，工程人才在质量上需求高。无论是美国工程与技术鉴定委员会（ABET）的EC2000 11条毕业生能力标准，还是欧洲工程师协会联盟（FEANI）制定的16条欧洲工程师业务能力标准，都传达出这样一个信息：工程师需要深厚的数学、自然科学和工程科学基础，坚实的工程专业知识与能力，同时也越来越需要交流、合作、适应的能力以及社会与环境意识。美国国家工程研究院工程教育委员会认为工程师应具备以下基本素质：分析能力强、实用技能强、适应能力强、有良好的沟通能力和创造力、精通企业管理原则、有强烈的事业心和崇高的道德标准、具有终身学习意识。大工程观认为，工程教育应该培养具有工程知识能力、工程设计能力、工程实施能力、价值判断能力、社会协调能力和终身学习能力的工程人才。社会能力的提出，是大工程观的价值综合和审美综合的体现。由此可以看出，无论是美国还是欧洲对工程教育的目标都很清晰，就是要培养工程师。工程师的质量标准随着社会的发展不断提高，从知识、实践、逻辑思维要求到创新、社会协调能力乃至终身学习能力方面的要求，对工程教育在人才培养过程中的培养理念和培养方法确立了质量标杆和完善要求。

最后，工程人才创新需求是硬性需求。冯·卡门有句名言："科学家发现已有的世界，工程师创造未来的世界。"工程师的创新能力和品质是工程人才的根本特征。工程人才的创新包括原始创新、集成创新和消化吸收再创新三种方式，无论是哪种创新都对工程人才在培养过程中提出了更为开放性的培养要求，工程人才要想具有创新性就必须要有扎实的基础、发散求异思维、系统逻辑思维和实干动手精神。

由于现实社会对工程技术人才有着数量、质量和创新等方面的需求，相应的，在工程教育过程中工程人才的数量、质量和创新能力成为工程教育所要追求的目标。工程人才的数量、质量和创新需求客观上要求在工程教育过程中，扩大工程教育办学规模的同时更要注重工程教育的质量监管和创新能力培养；在重视工程原理知识传授的同时，侧重对工程人才品格、创新意识和工程实践能力的培养。

第三节　我国高等工程教育发展概况与现状

一、我国高等工程教育发展的历史脉络

我国工程教育的发展历史可以分为1949年以前和1949年以后两大阶段。

中国工程教育始于晚清洋务运动兴办的各种西式学堂，基于当时社会富国强兵、发展实业的需要，开始移植西方工业化教育模式，并且成为中国工程教育发展的直接动力。这种移植在发展过程中面临着与中国社会的

种种不适应，突出表现在文化传统和观念上的冲突，进而表现出与中国经济发展的种种不协调状态。这一时期的高等工程教育主要借鉴欧美工程教育模式，实行"通才教育"，课程设置较为宽泛，教学内容以学习基础课和技术基础课为主，以学生获得扎实的理论基础为目标。在组织结构上大学分大类设立学院，院下设系，系下面不设专业，基本上形成了以本科教育为主体的工程教育格局。

1949年以后，我国高等工程教育分为3个历史时期，分别为重建与发展阶段（1949年—1965年）、缓慢发展阶段（1966年—1976年）、工程教育大国崛起阶段（1978年—至今）。高等工程教育在这3个发展阶段过程中，分别在不同阶段作出不同的调整，以适应工程教育发展的需要。

1949年—1965年是我国工程教育体系的建立阶段。由于中华人民共和国刚刚成立，面临着工业化道路的选择和新的教育制度的建立，国家需要改造旧教育，建设适应国家建设的教育体系，因此展开了全国范围的院系调整。随着中苏关系的破裂，使国家走上了独立探索的道路，在高等教育和工程教育方面表现为教育与劳动相结合的人才培养模式，教育规模和发展速度的超常规扩张。在培养模式方面，工程教育院校纷纷进行改革探索，清华大学提出"真刀真枪地进行毕业设计"，建立教学、科研、生产三连基地的改革措施。在发展规模和速度上，呈现了超常规的"发展"局面，1957年全国高校229所，第二年则增加到791所，最高年份出现在1960年，高等学校达到了1289所。其中工业院校的增速和规模最为显著，由1957年的44所，至1960年达到了472所，高等学校增加10倍多，尤其是高等工程教育的畸形发展导致了质量下降。1962年，国家召开高等工业学校教学工作会议，讨论了如何切实提高高等工业学校教学质量，并对教学计划、教材教学大纲进行审议修订，纠正了教育革命中的某些错误做法，工程教育的发展逐步进入正轨。

1966年5月至1976年10月，工程教育的发展受到"文革"的严重影响，处于混乱和缓慢发展阶段。

1978年以来，改革开放40多年的发展使我国工程教育也得到跨越式的发展，可以称之为工程教育的崛起时期。在这一时期，工程教育体系得到恢复和发展，工程教育再次受到关注。国家对工程教育的培养目标、制度建设和体制改革等多方面作出调整和改革：针对工科比例过大的现状提出调整要求，并取得成果；明确培养目标；制度建设方面有许多创新（如研究生学位、科类调整、调整专业设置、完善教学保障等）；工程教育体制改革及培养模式变革（如管理体制变革、教改与课程建设、评估认证制度建立、高水平重点大学建设与重点理工大学转型）；工程教育跨越式发展（如工程教育规模持续扩张、种类结构不断完善、工程科技产业化发展及服务经济发展的成就显著）等。

二、我国高等工程教育人才培养取得的成就

（一）工程教育规模发展，成绩显著

工程教育规模扩大，工程人才数量增加。从1999年高校扩招开始，中国高校规模得到快速发展，据统计，高校扩招前的1998年全国在校大学生为340.87万人，其中工科135.46万人，从1999年开始，中国高校大幅度扩大招生规模，时至今日，培养了越来越多的工程技术人才。2010年全国共有957万人报名参加高考，全国招生661.8万人，平均录取率为68.7%；2011年报考总数约为933万人，全国平均录取率为72.3%；2012年915万人报名高考，全国安排普通高校招生计划685万名，全国平均录取率为75%，比2011年增加近3个百分点。这种大规模的招生客观上促进了高等工程教育的发展，越来越多的青年接受高等工程教育。高等工程类的院校也在不断增加，人才培养规模不断扩大。

在工程人才数量增多的同时，高等工程教育质量也在逐步提高。从我国近年来的科技发展成果、经济发展成果以及国防安全的保障等方面可以充分体现出我国工程科技人才已经具有较高水平。从"两弹一星"到载人航天工程、三峡工程、青藏铁路、高速铁路、轻轨等科技成就反映出我国工程教育的成果和工程人才质量状况。我国科学与工程教育在国际上的影响力正在不断扩大，工程教育的人数和比例排在国际前列，是名副其实的工程教育大国。

（二）工程教育投入增大，结构不断完善，学位教育有所发展

随着教育规模的不断扩大，教育投入也逐年提高，教育投入以平均18%的比率增长，客观上对高等教育乃至高等工程教育的支持力度大大提高。

工程教育科类结构不断完善。至2006年，工学门类共有本科专业191种，设置专业点18145；研究生专业175个，设置专业点5177个。层次和类型结构日趋合理。工科内部的专业设置和学生分布也发生了变化，重工业一家独大的局面得以改善。

学位教育也有所发展。以应用实践为基础的专业硕士学位得到认可，并得到快速发展。其中工程硕士占了最大比重，2010年全国共招生硕士研究生47.2万人，其中专业硕士11.1万人，占23.3%，工程硕士3.36万人，占专业硕士研究生的30%。工程博士研究生的学位试点也已经开始。许多工科院校实行学硕连读、硕博连读、本硕博连读，这样可以通过更加系统的教学过程培养新型工程师，使其成为工程专业技术高级人才。

（三）工程科技产业化成就显著

1. 科技发展、科技成果显著、高新技术产业化

近年来我国科技成果发展显著，从"星火计划""火炬计划"的陆续出台到北京正负电子对撞机工程建成、秦山核电站并网发电成功、银河系列巨型计算机的研制成功、火箭技术性能和可靠性能达到国际先进水平、中国空间技术发展成果显著等等都离不开中国工程教育的功劳。在2008年的汶川地震中，使用了卫星遥感技术、无人驾驶飞机、北斗导航定位技术和网络通信技术等为搜救工作带来了便利。这些都是高新技术产业发展的成果展示。

1991年以来，国务院先后共批准建立了53个国家高新技术产业开发区。建区以来，中国高新技术产业开发区得到了超常规的发展，取得了举世瞩目的成就，探索出一条具有中国特色的发展高新技术产业的道路。2012年9月21日据国家科技部网站消息，经国务院批准，17家省级高新区升级为国家高新区，国家高新区总数达到105家。

2. 大学兴办科技园、服务经济能力逐步提升

1989年，东北大学率先筹办大学科技园，并于1990年在沈阳南湖成

立。之后纷纷有大学不断加入创办科技园的行列。2001年5月科技部、教育部联合发出《关于认定首批国家大学科技园的通知》，认定清华大学科技园等22个大学科技园为首批"国家大学科技园"。这些大学科技园的建立大大提升了高校服务经济和社会的能力。仅在2006年时，大学科技园就吸收社会资本300亿、设立研发机构1200多家、吸收留学回国创业人员6000余人、科技园企业达5600多家、在孵企业2900多家、上市企业56家、申请专利3923项、累计开发新产品5116种、创造了20多万个就业岗位。大学科技园的发展客观上是工程教育发展的成果，提升了大学服务经济的能力，也为工程教育的发展开辟了更为广阔的空间。

（四）工程教育国际交流与合作日益加强

随着经济全球化的发展，工程教育也面临着全球化趋势，其国际交流与合作主要表现在工程教育国际化认证制度发展、参与国际互派留学生、国际合作办学的发展、先进工程教育办学模式（如CDIO模式）的引进等多方面。

1. 工程师认证制度的发展

随着经济全球化加剧，全球工程人才流动加强，工程教育的国际化认证也提上日程。教育部原副部长吴启迪在2004年第三届国际工程教育大会上强调工程教育的国际评估和工程师资格认证问题迫在眉睫。教育部于2006年3月正式成立教育专业认证专家委员会，部分工程教育专业的认证试点工作也开始进行，工程教育国际化认证得以发展。

2. 国家间互派留学生

国家之间通过互派留学生的方式，进行学术交流和技术学习。无论是派往国外留学生数量还是吸收海外留学生数量都不同程度地有了大量增长。在校留学生人数已超过12万人，发达国家来华留学生大多是汉语言、文史类专业，工科专业的留学生主要来自发展中国家。我国出国留学学生也逐渐增多，从2000年的38989人到2010年的284700人，学成回国134800人。

3. 国际合作办学及先进模式引进

在加强认证制度和互派留学生的基础上，我国与国外高校合作办学，并引进先进的办学模式和办学理念。如上海交通大学和美国密西根大学合作创办上海交通大学密西根学院、英国诺丁汉大学与宁波市合办宁波诺丁汉大学、美国兴办孔子学院等等。不少国外办学理念和办学模式被引进中国，如CDIO模式在中国也有试点，我国汕头大学工学院在加拿大工程院院士、汕头大学常务副校长顾佩华教授的率领下，从2005年起引入并实施CDIO工程教育模式，2006年1月下旬，经过严格审查，汕头大学成为中国高校第一个CDIO成员。

第四节 我国高等工程教育面临的问题与挑战

一、我国高等工程教育存在的主要问题

近年来，工程教育在规模和数量上都有了较大的发展，但是整体的质量水平却并不尽人意，与我国目前的发展需求和发达国家的工程师水平都存在着一定的差距。高校内部在工程人才培养方面承担着主要的责任：在培养工程类型人才的过程中，高校往往存在缺乏明确目标、忽视工程实践、看轻企业合作、僵化评价机制等问题。长此以往，培养的工程类型人才与科学类型人才模式趋同也就见怪不怪了。笔者总结了当前高等工程教育过程中比较突出的几个问题。

（一）人才培养目标和培养方式雷同

不同类型的工程师其培养模式和培养目标是有所不同的。当然，在相应学科划分、课程设置和质量标准等方面也会有所差异。而高校工程人才培养的现状是：大多院校人才培养目标雷同、培养方式雷同、普遍沿袭传统科学教育模式，缺乏多样化的目标设置，工程教育的学历、学制和多层次教育的培养要求之间不够协调，多层次教育的培养目标不够明确，没有形成特色，存在盲目追求高层次的倾向。由于学校内部缺乏明确的培养目标和多样化的人才定位标准，课程体系也相对呆板、统一，其培养的人才难以适应不断变化发展着的工程现实。人才模式相对单一、欠缺多样性

和适应性。高校人才定位趋同，致使学生培养模式雷同，"重理论、轻实践"的教育模式在客观上限制了学生的工程实践能力和工程创新能力的发展。这种雷同的培养模式使高等工程教育人才培养结构出现不协调的"两头尖"的人才队伍现状，人才规格与国家产业结构不相适应，高精尖的研发性人才短缺和大量的蓝领技术工人短缺，大批没有特色和技能的中间性人才就业困难。

（二）政府和企业支撑不足，高校孤掌难鸣

缺少政府和社会企业的支持，工程教育就如同纸上谈兵一样不切实际。政府在工程教育方面的角色定位不清，政策导向性不足，投入扶持力度有限。虽然近年来政府投入教育经费有所提高，但高校资金仍然紧张，导致办学过程中实验、实践设施简陋，实践教学力不从心。同时，缺乏政府的政策引导和法律规定，企业很难单凭社会责任感投入到与高校合作培养工程人才中来。

观察国外大学产学合作的典范，不难发现其中大多数有政府颁布的法律和政策的保障。如：强制规定企业必须承担相应责任，否则重罚；给予企业免税和各项福利政策；规定校企合作过程中产生的专利和发明统归企业所有，等等。没有好的政策扶持和强制性的法律规范，企业难以真正融入高校工程人才的培养过程中去。缺少政府和企业双翼的支撑，高校独自挑起工程教育大旗困难重重。

（三）缺乏工程实践，工程能力不足

工程人才缺乏工程实践，工程能力不足的主要原因是因为在工程教育过程中工程实践教学的薄弱和产学结合不足。一名合格的工程师必须要经历工程基础知识学习、工程实践训练和工作实际体验三个环节。但是，近年来许多工科院校在实践教学方面都有不同程度的削弱，工程训练和实践达不到最基本的要求，工科人才培养缺乏完整环节，学生知识结构缺乏广泛的适用性，严重影响高等工程教育的质量。

产生这种现象的原因有多方面：一方面国家大规模扩招，高等教育规模迅速增长，师资和教学设备、实验设备、场所资源有限，导致学校教学实践和实习都难以达到预期的效果。许多学校出现实验、实践课程比重下

降、学生实际动手操作机会减少、生产实习时间压缩等现象。另一方面，在工程教育师资方面，教师自身缺乏工程实践背景和经验。我国高校从事工程教育的教师一般都是高等院校毕业的博士生，他们大多毕业后就在学校任教，缺乏工程项目经历和工程实践背景经验。加上高校的评价导向重视学历、学术水平和论文发表，轻视生产教学实践和实验，致使相当大一部分教师具有较高学历和一定专业理论知识，但缺乏工程实践经验。教师的工程实践能力薄弱严重阻碍了学生在工程实践方面的实践能力和创造能力的发展，从而导致工程人才的工程实践能力不足，难以满足社会行业和企业的需要。

由于校企产学结合不足，工科院校与行业缺乏创新人才培养的联合机制，导致工程人才的工程实践能力薄弱。产学合作教育就是将学生在校学习和在产业实习规范交替进行。实行产学合作有其现实必要，由于时下知识大爆炸且更新快，新知识和新技术转化为生产力的周期缩短、应用加快，致使学校的师资队伍、课程设置、教材体系、实践和实验设备的更新速度无法跟上产业发展的步伐。

要想了解和更新相关学科前沿知识，只有不断深入产业、企业学习。在高校课程设置和教学内容的制定上，让企业的工程专家参与其中。而目前，我国在产学合作方面存在诸多的障碍，高校和国家层面都有着不同程度的问题。企业没有利益支撑点，就没有参与的积极性，单靠企业责任感无法实现产学合作。校企合作困难，导致企业无法参与到高校的课程设置、教学内容安排、教学实践、工程实习中去，学校也无法及时了解企业对人才培养的市场评价，缺乏有效的信息反馈机制。国家层面，缺少一个专门的主管部门来协调校企合作事宜，缺乏大量的法律、法规和政策的支持。没有相关立法和相关政策导向，企业和高校无法建立深层合作机制。学校工程人才培养与企业、行业发展需求隔离，高校内部培养往往以学科系统自成体系，对现实中的企业生产需求和人才需求缺乏了解，造成"重学轻术"现象。高校在校企合作上走形式，并未真正意识到工程人才缺乏工程实践能力的严峻形势，导致培养的工程人才具备扎实的工程基础理论知识，缺乏真正的工程实践能力，难以解决现实中复杂多变的工程技术难题，难以满足社会需要的矛盾现状。

（四）教学内容、课程设置体系滞后

我国高等工程教育课程改革其基本思路还是在原有课程体系下完善的，没有从根本上打破原有的课程体系。工科院校的教育教学活动完全按照学科的逻辑来组织，忽视工程的本色，培养出来的人才严重缺失工程化特色。很多高校在教学内容安排上往往追求学科导向，强调知识的完备性和系统性。几乎全国统一，相同专业千篇一律，缺乏特色。内容相对陈旧，一成不变，不能按照产业和专业技术发展的需求进行更新。课程更新速度慢，在很多高校不难见到20世纪80年代或90年代的教材。虽然传统教材有其知识的基础传承性，但是根据时代的快速发展，对其内容进行不断更新和选择是培养工程人才面向社会的基础。根据一项高等教育司的调查数据显示：我国理工科专业教材使用存在某些落后方面，如在计算机、化工、电子等与国家紧密联系的专业，75%的课程沿用过去习惯，20%的课程更新速度较慢，5%的课程已经与推动社会的发展联系不大，致使学生在知识获取方面很难了解本学科的最新成果，很难获取与实践有关的知识经验，不能密切联系人类发展面临的实际问题。在内容安排和考试的重视程度上，往往"重理论、轻实践"，使工程人才成为"理论的巨人，实践的矮子"。

课程体系设置方面，课程追求多而全，学生自主学习和实践空间小。专业设置划分过细，使学生进入社会后的服务领域受到较大限制。在新专业的设置上过于盲目跟风，近年来越来越多的高校增设学科和专业形成一股热潮，不顾学校发展水平、教学设施、实验设备、实践条件的制约盲目跟风，很难保证教学质量和人才质量。课程选择和安排并未以社会职场需求的发展为导向，偏重专业知识教育，忽视对学生素质能力和品质的培养。学生在日常中形成的工程素养恰恰是学生就业时的法宝，是企业和单位最为重视的部分。同时，课程之间缺乏关联，导致部分专业课程和基础课程有脱节现象，使学生知识体系无法顺利衔接。

（五）评价机制趋于功利化，师资工程背景缺失

学校在教育评价体系中"去工化"严重。目前，高校内部的评价体

系和标准相对保守，普遍以科研经费、科研成果、学术水平等指标作为绩效考核的重要标准。工科教师的工程实践能力、产学合作情况均未列入考核标准，难以激发教师到企业进行工程实践学习。大多高校没有与企业建立互动机制，引进工程专家和技术人员来校任课或带领实验团队，安排教师进入企业参与设计、研发，积累工程实践能力。教师队伍整体缺乏工程背景，进一步影响学生的工程实践能力和工程创新能力。绝大多数高校仍然是以论文和理论考试成绩为主来对师生进行业务和学习成绩认定考评，忽略了工程设计和工程实践对提高教师工程实践水平和学生创新素养的作用。

学校对学生的奖学金评定标准也大多集中在专业理论课成绩和论文发表数量上，这种评价机制无形中引导了学生的兴趣方向是重视理论课程和论文发表，忽略真正的工程实践战场上的武器是实践能力和工程实践水平的高低。而高校却把这个包袱甩给了企业，导致企业在招聘新人的同时增加培训新人的成本，并且这一现象成为不正常的"正常"现象：在企业中的磨合培训阶段才是学生工程实践水平发生质变的阶段，这对现实的高等工程教育无疑是一种讽刺。这些在工程教育过程中存在的问题值得我们关注和反思。

高校教师队伍普遍学历较高，大多数是接受科学教育模式成长起来的博士、硕士等，相对缺乏工程实践背景，相应的其在指导学生过程中会出现与现实工程实践情况脱节的现象，再加上学校的内部评价标准和传统的认识，使很多老师更加认识不到实验室工作和指导学生实践实习工作的重要性，很多教师喜欢给学生上具体的专业课，而不愿意到实验室工作。

二、我国高等工程教育面临的挑战

（一）工程教育面临创新挑战

在新形势下，高等工程人才培养面临着创新、改革和人伦道德的多重挑战。目前，各国普遍出现创新人才短缺现象，在2010年10月联合国教科文组织发表的《工程学：面向发展的问题、挑战和机遇》的报告中强调：

目前不仅制造业和其他产业发展缺少工程创新人才，就连与日常生活相关的工作也缺少工程技术创新人才。与之对应的就是在工程人才培养过程中面临的创新教育问题，创新教育问题是高等工程教育人才培养目标问题，也是一个国家在全球的核心竞争力问题。我国在现有条件下，由于体制、文化、理念、师资、教育投入等各方面的原因，在实践中缺少培养拔尖创新人才的意识和环境，还不能把增强工程创新意识和技术创新能力的要求贯穿于人才培养的全过程。

学生的创新能力和工程实践能力仍然是人才培养的薄弱环节。在强调建立创新型国家、提高自主创新能力的大背景下，工程教育创新问题不能仅仅停留在理念阶段，应当增强培养具有创新意识、创新精神和创新能力的高素质人才的历史紧迫感。

（二）工程教育的人才培养模式需要改革

随着全球化进入新一轮的产业升级和转型周期，中国工业化道路也面临着关键的转型时期。这种转型是产业结构的转变与升级，也是由模仿型经济向创新型经济转变的过程。实现这种转型关键靠人才，特别是工程技术创新人才。这在客观上对传统工程教育培养模式提出改革的要求，必须打破原有的统一学科培养模式，对不同层次和不同类型的工程人才提出不同培养方式，改变全国高校千篇一律的培养模式，以适应产业升级和转型的需要。

（三）重视对工程人才伦理、道德的培养

随着人类面临越来越多的环境危机和能源危机，对工程人才提出了更多的技术能力和人伦道德方面的挑战。这些挑战对工程师的工程伦理道德和人文综合素质提出了更高要求。未来的工程师要面临人道、生态、安全等诸多问题，在工程实践中既要尊重自然又要考虑人类的生存和发展。因此，加强工程伦理道德教育是世界工程教育的发展趋势，许多国家已经把道德标准加入对工程人才的要求中去。

爱因斯坦说："用专业知识教育人是不够的。通过专业教育，他可能成为一种有用的机器，但是不能成为一个和谐发展的人。要使学生对价值有所理解并产生热烈的情感，那是最基本的。"对工程人才来说，积极的

人生态度、明确的社会责任感和献身精神，以及社会活动中的洞察能力和人际交往中的宽容精神，与专业知识和技能同等重要。现代科学技术呈现出相互渗透、相互交叉的状态，工程技术实践涉及的因素也越来越广泛，尤其是人文科学与自然科学在更高层次上的渗透和融合越来越明显。要加强人文素质教育，使工程人才从科学理性高度超越小我困扰，提高价值判断能力，从而达到一种和谐发展的境界。因此，高等工程教育更要重视工程人才伦理、道德的养成，重视人才培养过程中工程人才综合素质的教育。

第二章 我国高等工程教育人才培养模式探索

第一节 明确目标定位，改善办学模式

一、不同层次高校目标定位"差异性"，发展道路"错位性"

不同层次的高校在工程人才培养的目标定位上应当具有差异性，培养方式多样化。高校应根据自身及社会主、客观条件科学客观定位，明确培养目标。从社会需求和社会可能提供资源的客观性以及学校自身的规模、师资、教学条件、学科特色等主观条件等方面理性分析，从而确定学校人才培养目标。在目标定位过程中，充分考虑学校的类型、层次和同类院校中自身发展所处的位置，定位应有所差异。从类型上，明确学校是要全面综合发展还是侧重单科特色发展，人才培养是侧重研究性还是实用性；从学校层次上，明确学校自身是专科院校还是本科院校，以及所设硕士点和博士点的情况等。在类型和层次上明确自身定位后，客观分析自身在同等院校中所处的位置，找出差距和不足，发展传统优势学科或寻求特色学科发展机遇，力争在同类型院校中成为佼佼者，办出特色。将学校的核心竞争力放在如何培养优秀的工程创新人才上，而不是一味地追求办学规模的扩大和办学层次的提升。不同院校对于工程人才培养的目标定位应当有所不同，即使在同一院校内部，不同学历层次、不同学科的工程人才培养目标定位也不尽相同。不同层次的高校只有将人才培养目标定位"差异化"，才可以"错位"发展，满足社会对不同类型工程人才的需求。

二、明确"工程实践能力"是工程人才的"核心发动机"

工程教育的目的是要培养具有扎实的工程理论基础知识和工程实践能力的工程师。工程师的工程实践能力类似于一台机器的核心发动机,工程实践能力直接决定着工程师在工程实践中的工作效率。工程实践能力的提高主要体现在高等工程教育过程中学校内部的教学实践和企业内部的工程实习上,其中在学校内部教学实践中学生得以锻炼的工程实践能力表现为可以独立地设置问题、分析设计案例、完成设计项目等方面的能力。学校应当改变传统的"重学轻术"的思想,以工程实际为背景,以工程技术为主线,培养学生的工程素养和工程实践能力。高校内部通过改革实践课程体系,改善学校实践教学条件,加强产学合作,提升教师的工程能力等多方面提高工程教学实践的水平,始终将工程实践能力的提高放在工程人才培养的核心地位,充分认识到工程实践能力在工程人才培养过程中的重要性。

按照不同工程师的划分标准,高校应当制定不同类型的工程师培养要求,将不同类型的工程师标准融入课程设置、教学内容制定、实验实习要求之中,结合学校自身的专业特色和优势突出某类型工程人才的培养,不需要面面俱到,只需要特色发展,凸显行业面向和服务面向,发挥优势,弥补不足,避免培养的人千校一面。在教学上改变传统的科学家统一培养模式,在重视理论基础上关注实验、实习、实践训练,让学生在"干中学"、在"学中悟",在实际的工程实践中,学生可以很快掌握很多实践要求和操作流程,并且从实践中领悟其中的一些原理,激发他们的创造性思维,通过实践训练和实习的历练使学生的工程实践水平得到较大提高,避免工程人才"眼高手低"的局面。

三、优化工程教育课程体系

工程教育课程设置一体化、多元化。工程教育的课程设置在内容上应当形成一条完整的体系,课程内容之间强调关联性,使学生一旦选择了一条课程学习途径就会有很明确的课程学习方向，既满足学生兴趣多样的要求，又不会造成选课的盲目性。一体化的课程体系设计往往要全面落实职场现实需求和学科需求的各项能力素质目标。这一目标体系有产业界专家和学科专家共同探讨制定，并随着产业的发展不断调整。在一体化的课程体系中，将项目课程与学科课程相互配合，提高学生综合知识结构，锻炼学生工程实践能力。项目课程以综合性研究项目为主，需要多门课程支持，成为课程之间的关联纽带。项目课程的选择要反映行业和企业发展中遇到的现实问题，难易适中。在项目课程考核上要求基础课教师、专业课教师、产业兼任教师多方打分汇总成绩，从而保障项目课程达到理想的效果。工程教育的课程设置要求充分考虑学科的交叉与融合，便于为学生提供综合知识，有利于学生在日后的工程实践中解决复杂的工程技术难题。

课程设置的综合性将是今后工程教育的发展方向。工程人才在工程实践过程中需要广阔的综合知识积淀，除了具备相应专业领域内的学科基础知识，还会涉及人文、艺术、审美、自然、社会等多方面的学科知识。因此，在课程设置过程中，应当加强课程知识设置的综合性。在课程设置过程中将人文科学、自然科学、社会科学与工程技术原理知识贯穿一起，多设立综合性课程和跨学科课程，使必修课加强学生基础知识的积淀，为专业课学习打下坚实的基础；任选课拓宽学生的视野，满足学生个性需要，帮助学生在专业领域提升适应力。

课程内容不断更新，重视学生创造能力的培养。课程内容应及时结合行业、企业的发展动向及国内、国际发展水平，增加反映科技文化新成果的前沿理论知识和社会发展的新成就以及科学发展的新成果，淘汰陈旧过时的理论知识，使学生及时了解学科发展新观点和新动向。工程师的核心品质是创新，因此，在课程设置上应当重视学生创造能力的培养；在学生自身个性和兴趣的基础上构建课程体系和知识结构；在课程设置中体现工程教育的本质，以增强工程人才工程实践能力为核心，给学生提供相应的课程实习、实践及项目安排，使学生的创造能力在科学的课程设置体系中得以更好地发展。

四、不断更新教学内容，改善教学方法

随着社会经济的发展，工程科技知识的更新速度越来越快，在工程教育过程中应当不断更新教学内容，适时将工程科技前沿知识补充进工科学生的课堂。在教学内容的选择方面多加结合工程实践的实际需要，吸取工程专家和教育专家双方建议，确保工程教育内容与时俱进。传统的一本教材十年不变的模式已经严重不适应经济和信息技术的快速发展，高新技术产业方面的知识正以日新月异的速度不断更新，必须保证工科学生学到的知识不是过时的知识和无用的知识。国外很多高校在工程教育方面教学内容不断更新，以法国为例，老师上课没有专门的教材，是教师集专业理论知识和行业发展动态总结形成的笔记，这种伴随着知识的更新，不断适时调整教学内容的做法值得国内高校学习。

同时，在教学方法上，改变传统的灌输式教学方法，让学生在"做中学"。工程人才的培养最终目的是培养具备实际操作和应用能力的工程师，只有在具体的教学实验、教学实践乃至教学实习中才能让学生在"做"中领悟到其中的实际操作技能。从而在"做"的过程中，反省自身专业知识的缺陷和实践能力的薄弱，便于学生根据自身情况调整自身学习动向，补充专业知识，加强动手能力的锻炼。

五、提高教师工程实践总体水平，完善评价体系

教师队伍的工程素养水平关系着学生工程素质的质量，因此要加强教师队伍建设，提高教师整体工程水平。提高教师的工程实践总体水平可以采用"走出去、请进来"的办法，鼓励高校工程教育教师走出高校，进入企业或行业学习，了解学科发展动态，提高工程实践能力；鼓励高校科研小组承接企业或行业的科技研发项目，提高教师科研能力和实践能力，将企业专家或工程师"请进"高校，开展专题讲座，参与学生培养和教师培训；聘请相关工程师为工程实践教师；让行业专家参与到高校的课程设置中来，不断补充行业发展前沿知识等。高校应特别注重提升从事实验室

或实践教学教师的工程水平,加强校内实验室建设,特别是提高实验室教师的师资水平。我国高校长期以来实验室教师队伍的整体水平明显低于理论课教师,高学历、高水平的教师一般只主讲理论课,而不愿意到实验室工作。近两年这一现象有所改变,有些高校开始重视实验室教师的水平提升,通过各种鼓励政策吸引大批优秀博士毕业生和有实践背景经验的教师进入实验室工作,提升了高校整体的实验、实践师资水平。

  传统的评价标准导致师生共同关注的问题往往集中在科研进展、发表论文和理论课程成绩上。我国的高校评价机制让大多数人沉浸在这种科学教育模式中不可自拔,工程人才培养长期无法摆脱这种旧有机制的束缚。因此,要改善学校的评价标准,将工程实践参与和工程实践水平计入对工科教师和学生的奖励考核评价标准中;将教师参与课题实践、带队实践、项目实践等作为量化考评手段计入教师考核标准;制定新的考评政策,对工科专业的教师在职称晋升、考核聘任等环节加入工程实践经历的要求。对工科教师和学生的评价与考核从侧重理论研究和发表论文转向评价工程项目设计、研发、专利、创新大赛及技术服务等。同时,将实践、参与实习的成绩计入学生的奖学金评价标准,激发师生参与实践、重视实践的动力和热情。学校内部对相关工程专业的学生制定"双标准",即学术标准和工程实践标准。相关工程专业毕业生不再是简单地完成理论课程外加论文就能毕业,而要将学术标准和工程实践标准结合起来对其进行考核,按照不同类型工程人才的不同标准,要求学生在学校期间必须完成一定程度的工程实践、工程设计、工程项目的研发方可顺利毕业,这种硬性要求无疑会为工程教育打开一扇工程实践之门,必将促进学生工程实践水平和能力的提高。

第二节 共建"产学研平台",培养工程创新人才

一、政府给予财政、法律、政策等方面的积极导向和支持

国家是工程教育最终的受益者。作为政府,应当加大对工程教育的投入扶持力度,为其发展提供强有力的资金支持,出台相关优惠政策引导、鼓励企业积极参与到校企合作中来。通过政策引导和扶持,必将带动企业参与的积极性,毕竟这些工程人才最终是要进入社会和企业中去的,协助高校培养工程人才的同时也就是在为企业培养未来。政府通过扩大高校办学自主权,让高校可以选择适合自身人才培养结构的人才培养模式;通过颁布相关法律、法规等引导或强制企业参与到工程人才培养中来,担负起企业应有的社会责任;通过出台鼓励企业参与产学合作的优惠政策(如减免税收、优先发展、自动取得产学合作时期的专利发明权等),提高企业参与校企合作的积极性;设立专门机构负责协调校企合作的工作。没有法律的支撑,没有优惠政策的指引,仅仅凭借企业道德责任意识,很难调动企业的积极性;没有专门的协调合作与监督实施机构,一切很难顺利展开。有了法律法规的支撑、优惠政策的引导、国家政府部门的真正重视,产学合作就等于有了"尚方宝剑",产学机制就能构建顺畅,学校和企业就能形成优势互补,共同培养质量过硬的工程人才。

二、校企研合作,互利双赢

创立高校与行业企业联合培养人才的新机制,加强校企合作、校研合作,力争互惠双赢。教育部的"卓越计划"中规定:要求创立高校与行业企业联合培养人才的新机制,企业由单纯的用人单位变为联合培养单位,高校和企业共同设计培养目标,制订培养方案,共同实施培养过程。加强校企合作,可以通过"双走进"的方式实现。一方面,让企业走进学校,

在学校制订培养方案和培养计划时让企业充分参与进来，介绍行业目前发展动向，便于课程设置和培养目标的确立；选拔企业内部工程师或工程专家来学校参与教师培训和学生授课；鼓励企业进入学校招收实习生；高校承接部分企业科研项目进行实际操练。另一方面，鼓励广大师生走进企业，选拔教师进驻企业进行不定期的培训，提高工程实践能力和掌握行业学科发展趋势；安排学生进入企业参与实践、实习、研发等，要求每个学生至少有一年以上实习方可进行答辩，力争达到高校和企业的互惠双赢。目前有些发展较好的大学都有着自己良好的合作企业，在与企业合作中无论是人才培养、学科发展、学生实习乃至最后的学生就业等各方面都得到了较大发展。加强学校和科研院所的合作，通过人才共同培养机制、校所合作科研、校所共建实习生制度等多方面举措加强学校和科研所的合作，提高学生工程实践和科研能力的同时，也为科研院所选拔优秀工程人才提供了便利条件。

第三节　加强国际交流合作，促进工程人才培养全球化

一、继续加强国际交流与合作，建立国内和国际两个工程师培养渠道

我国工程教育规模庞大，但教育资源有限，与发达国家存在一定差距。要想促进工程人才培养的全球化，就要在利用国内教育资源的同时充分利用国际教育资源。尤其是培养具备全球竞争力的工程师，就必须充分利用国际工程教育资源。可以通过留学生交换制度、国际合作办学规模模式、国际产学合作等方式学习国外先进的办学理念，中西融合，从而增强中国工科毕业生的国际化水平。

同时，完善高等工程专业认证和注册工程师认证制度，便于国家对工程师进行规范化管理，从而促使工程教育质量的提高。近年来，工程师和工程专业的国际互认趋势也成为我国建立工程教育专业认证制度的重要动

因。按照国际惯例，工程教育专业认证是实施注册工程师认证制度的前提和基础。建立具有国际等效性的工程教育专业认证制度，可以促进工程教育改革，提高工程教育质量，从而构建工程教育的质量监控体系。建立与注册工程师制度相衔接的工程教育专业认证体系，增强工程教育人才培养对产业发展的适应性，从而推动工程教育改革与企业界的联系机制。在专业认证过程中，需要树立科学合理的工程认证标准，工程认证标准是衡量工程教育质量和加强产学结合的准绳。在制定工程认证标准时应根据经济社会对工程人才需求的差别，考虑高校的层次和差别，构建科学合理、分层指导的工程认证标准。建立工程教育专业认证与职业资格认证相衔接的机制，使工程人才的现实需求与工程人才的教育计划得以贯通，构建完善的工程人才职业发展路径机制。加强工程认证的国际交流，有利于我国工程人才的交流和流动，促进工程教育质量的提高，提升工程教育的国际竞争力。

二、借鉴国外工程教育人才培养模式

（一）CDIO模式

CDIO模式是构思（Conceive）、设计（Design）、实现（Implement）、运作（Operate）的英文单词缩写。从2000年起，美国麻省理工学院院士克劳利教授成立团队与瑞典皇家工学院、瑞典查尔摩斯工业大学组成跨国研究组合，并获得了昆特和爱丽丝·沃伦贝利基金会近1600万美元资助，于2004年最终创立CDIO工程教育理念，并成立CDIO国际合作组织，旨在培养未来的工程师。CDIO模式是"做中学"原则和"基于项目的教育和学习"的集中体现。它以工程项目从研发到运行的生命周期为载体，让学生在工程实践中联系课程理论知识，提升工程实践能力。

CDIO的理念不仅继承和发展了欧美多年来的工程教育改革理念，更重要的是提出了系统的能力培养、全面的实施指导、完整的实施过程和严格的结果检验的12条标准，具有很强的可操作性。CDIO标准是直接参照工业界的需求（如波音公司的素质要求和ABET的EC2000标准）制定的，因而能完全满足产业对工程人才质量的要求。迄今已有几十所著名大学加入CDIO国际组织，这些学校的机械系和航空航天系已全面采用CDIO工程教育理念和教学大纲，取得了良好效果，培养的学生尤其受到社会与企业欢迎。MIT已有两届CDIO学生毕业，得到工业界的好评。一些公司甚至专门为CDIO毕业生制定了高于其他教育模式毕业生15%的工资标准。

CDIO模式在中国也有试点，我国汕头大学工学院在加拿大工程院院士、汕头大学常务副校长顾佩华教授的率领下，从2005年起引入并实施CDIO工程教育模式。2006年1月下旬，经过严格审查，汕头大学成为中国高校第一个CDIO成员。2007年11月，汕头大学组织召开了"中国高等工程教育改革论坛"会议，来自国内外高校和产业界等40多个单位的专家学者对汕头大学的工程教育改革情况给予了肯定的评价。清华大学工业工程系教授顾学雍教授在他所授的"数据机构"和"数据库技术"两门课中采用了这种模式，让学生在做项目的过程中学习、实践、再学习、锻炼、研发、解决问题，收到了良好的效果，被清华大学推广。

国内许多研究者对CDIO模式有所探讨和研究，其中北京交通大学的查建中教授研究较为深入和细致。在CDIO模式中强调项目是核心，无论知识的选择、课程设置、教学过程还是教学大纲的制定乃至最后的教学评价无不围绕着项目，可以说学生是在工程项目中学习和成长的。

（二）德、法为代表的欧洲大陆国家模式

1. "精英化"的培养理念

德国、法国工程师培养生源选拔制度相当严格，工程师是有条件的精英教育，优秀的高中毕业生（前10%左右）需要先在预科学校进行2—3年的学习，再通过严格的考试，才能进入理想的工程师学院。每年在法国大约有70万高中毕业生，能进入工程师学院学习的仅为1.2万人，可见选拔之严格。

2. 以培养工程师"成品"为目标

无论是学术型人才还是应用型人才，高校都以培养"成品"工程师为目标。德国工程师的培养过程为学校"一贯制"，即在学校完成学校相关理论和实践要求的毕业生毕业时同时获得学位和工程师资格，无须再经

历认证考试就是一名合格的工程师。德国和法国高校为德国乃至世界培养了大批优秀的工程师,并被工业界认可,曾经一时获得"世界的品质在欧洲,欧洲的品质在德国"的赞誉。

3. 严谨苛刻的培养内容

从教学内容和课程设置来看,德法两国注重工程质量,强调专业的教育,课程更体现知识的深度,这也体现了欧洲的专业教育模式。在课程的考核制度方面,德国的考核较为严格,因此淘汰率要远高于美国。德国学生不仅要完成基础学习阶段的知识学习和考试,而且还要在规定的学期内完成实习任务,撰写实习报告。在课程中对实践课的要求更加严格,只有通过了实习环节,学生才能顺利获得学位。因此,德国的工程师质量就如同德国的工业产品一样,货真价实,成为世界上高质量的代言人。法国在工程师培养过程中学校与企业共同设置课程,教学内容根据企业的需要不断调整。在讲授课程过程中没有指定教材和课本,只有教师的讲义,且讲义随着时间的推移不断更新内容,将与学科相关的最为前沿的知识补充进讲义并要求学生要有非常好的记笔记的能力。这些特有的教学和课程设置模式为欧洲工程人才的精英化奠定了坚实的基础。

4. 教学实践是生命力所在

德、法两国都很重视实践在工程教育过程中的作用。

德国的企业在培养学生的实践能力方面也做出了巨大的贡献,各大型企业与院校建立了密切的关系,双方采用联合培养方式,帮助学生在具体的项目中提高实践动手能力。

在法国工程师教育过程中,可以说实践伴随着卓越工程师人才培养的始终,很多教师都是聘用的有经验的企业工程师;学校里设有与专业相关的工作车间及实验室,学生可以自己设计制作产品;很多工程师学院办有与自己专业相关的下属企业,方便学生参与企业生产及管理;同时,学生每年都有不同实践要求的企业实习,从普通工人身份到技术员身份再到工程师身份,直至可以离校承担工程师工作。

5. 培养方式

德国的工程人才培养方式通常采用院校教育为主、企业合作的形式。

德国的院校教育通常能把教育和实训融为一体，通过这样的教学方式培养出一流质量的工程师人才。其在培养过程中采用双导师制，学校导师和企业导师两个导师认可才算合格。教师不仅能较好地结合自身的经验讲授课程，同时也能帮助学生解决实际难题。在院校培养方式中，尤以研讨班最具有鲜明的德国特色。在这种研讨班上，教授为学生提供各种展现自我的机会，通过讨论的形式激发学生对问题的思考，给学生充分的时间去调研、考查，形成自己的观点，这种培养方式极大地激发了学生主动学习的热情，也培养了他们的逻辑思维能力和创新思维能力。除了研讨班，德国的培养方式中还包括讲座及实验等。通过这些培养方式的组合，促进学生工程基础、专业知识及工程实践能力水平的提高。

第四节　创新多样化工程人才培养模式

由于各种类型工程师的成长途径有所差异，高校在工程人才培养阶段和培养模式上也有所不同。我国高等工程教育常用"三段式"培养模式，即专、本科应用型、研究生设计型和博士研究型三段式培养。

应用型工程人才（一般包括了服务工程师和生产工程师两种类型）的培养要求为：一般是三年制的大专或四年制的本科，主要目的是培养现场型工程人才，可以从事产品的生产、营销、服务乃至工程项目的施工、运行和维护，大专院校普遍采用"2+1"模式，前2年在学校学习理论知识，最后一年进驻企业实习；本科院校一般采取"3+1"模式，前3年在校学习理论专业知识，最后一年在企业学习、做毕业设计、完成毕业论文。这种工程本科大学生毕业后通过在企业从事一定的服务阶段或生产阶段的工程实践后而成为应用型工程师。

设计型工程人才的培养要求要高于应用型工程师。由于其培养的工程人才将来主要从事产品或工程项目的设计与开发，所以，相应的对其学历要求和工程专业学术知识和实践水平要求较高，这类工程人才在大学期间一般采用"（3+1）+（1+1）"模式，即4年本科加上2年全日制硕士的形式。并且要求其在研究生阶段要在企业研发部门工作1年，现在许多高校的工程硕士均有此项要求，以便于提高工程硕士人才解决实际领域内发生的问题的能力。这种获得大学工程背景硕士学位的毕业生毕业后，在企业或科研单位通过从事一定阶段的设计工作而成长为实践中的设计型工程师。

相比较应用型工程人才和设计型工程人才的培养要求，研究型工程师的培养要求最高，其目的主要是培养从事复杂产品或大型工程项目的研究、开发以及工程科学研究的高级专门人才，所以对其专业水平的精深要求程度会更高，实践研发能力要更强，拥有切实解决工程难题的能力。一般在大学期间对此类型工程人才普遍采用"（3+1）+（1+1）+（3—5）"模式，即4年本科加2年全日制工程硕士，外加3—5年工程博士。通过扎实的学术专业培养，这种获得大学工程背景博士学位的毕业生毕业后，能够独立地承担服务、生产、设计和研发4个阶段的工程项目，并且经过一定时期的工程实践后最终成为研发工程师。

高等工程教育在原有培养模式的基础上，可以尝试依据不同行业背景、不同学科背景的具体要求探讨创新人才培养模式。根据不同行业和学科的要求，在培养学制的选择、理论实践学时的分配、实习要求、培养内容、培养方式上结合学校自身发展优势和客观条件，大胆创新尝试不同类型工程人才的不同培养模式。

现实社会的发展对工程人才的要求呈现多样化和层次化。因此，高等工程教育的人才培养模式也应该适应这种需求，在人才培养结构上呈现多层次和多样化。在未来的工程教育改革中，不同高校应区别人才培养目标定位。在探索人才培养模式创新的道路上仍有许多问题值得关注与思考，高等工程教育人才培养模式的改革之路任重而道远。

第三章 我国高等工程实践教育概述

高等工程教育作为高等教育的重要组成部分，近年来成为世界各国研究的焦点之一。无论是在我国还是其他国家，高等工程教育的发展不仅与国家的战略发展规划有着密切的关系，而且与国家经济发展和社会进步所需人才的培养与供给也有着直接的关系。随着全球经济化、科技以及高等教育的快速发展，社会和产业界对人才的结构和质量都提出了新的要求，工程环境的日益复杂、创新产业经济等一系列问题，使我国的工程教育再度面临新一轮的挑战。

根据一些数据和报告显示，我国高等工程教育在应对新的问题和挑战面前，表现出了很大程度的不适应。中国工程院对我国的工程科技人才的培养进行调查研究之后，发表了《人才创造未来，创新引领世界》的报告。该报告概括了我国工程教育及人才培养中暴露的几个突出问题，其中就包括"工程教育中工程性缺失和实践教学环节薄弱问题长期未能得到解决"。实践是工程的本质，实践教学作为工程教育的重要组成部分，不仅培养学生的工程素质和科学素质，同时对于培养学生的文化素质和身心素质等多个方面都有着不可替代的作用。实践教学在培养学生的创新能力方面也发挥着独特的作用。但是，实践教学长期以来被学校、教师忽视，成为高等工程教育人才培养的"短板"。针对这一现象，《国家中长期教育改革和发展规划纲要（2010—2020年）》提出"强化实践教学环节"。2012年初，《教育部关于全面提高高等教育质量的若干意见》（教高〔2012〕4号）则将其提高到"实践育人"的层次，教育部、中宣部等部门联合出台的《关于进一步加强高校实践育人工作的若干意见》（教思政〔2012〕1号）指出：要"大力加强实践教学，切实提高大学生的实践能力"。从国家政策层面来看，实践教学改革成为当前和今后一段时间的工作重点。

第一节 高等工程实践教育的国外经验与理论基础

一、国外工程教育人才培养模式对我国工程实践教育的启示

参考前文国外工程教育人才培养模式，可以发现，关注工程实践能力的培养是其核心内容。事实上，学生只有在项目、实习和实验中才能得到最扎实的工程训练。从美欧的工程人才培养模式中我们可以得到一些在工程教育方面的启示。

（一）加强专业基础知识的同时，更要注重对学生工程实践能力的培养

由于我国工程教育模式既不像美国那样对即将进入工业企业的毕业生进行必要的系统工程师岗位培训，也不像欧洲那样在工程人才培养过程中要求必须参与工程项目实践，我国的工程教育基本在学校完成，与企业联系不密切。工程师要具备专业理论基础知识，更要具备解决工程实际问题的工程能力，否则谈不上是合格的工程师，只能是工程理论的学习者。通过借鉴美欧模式，在我国的工程教育过程中应当重视实践教学和实验室教学的重要性，提高学生的工程实践能力，帮助学生将知识体系结构转化为技术能力。加强校企合作，共建产学平台，建立实习生制度，实行企业、学校双导师制度，让学生在企业的实践历练中积累工程经验和锻炼工程技术能力，把握行业发展动态，及时补充学科发展的前沿知识。

（二）重视学生综合能力和创新能力的培养

在国外工程教育过程中，都十分重视学生创新能力和综合素质的培养。在培养内容上重视对学生自然科学、社会科学和艺术科学的知识补充。一名工程师在工程实践中需要人文、审美、艺术、自然等多方面的素养，建造一座美丽的建筑物，不仅仅需要相关的工程原理知识，同时也需要工程师自身的人文素养、审美水平、艺术情趣等多方面的综合素养。因此我们在加强工程人才培养过程中更应当重视对工科学生道德、伦理、审美、艺术等多方面的影响和熏陶，使高校培养出来的工程师不仅技术水平

一流，更具有较强的社会责任感和为人类谋福利的精神品质。

（三）明确培养目标，坚定培养理念

有了明确的培养目标和坚定的培养理念，工程人才培养就成功了一半。目前许多高校培养目标雷同，将目标定位为工程师也好科学家也罢，高校的核心点并未落实在人才培养目标上，而是高校办学规格和规模上。应当改变这种功利色彩，树立培养不同类型的工程师目标，坚定多元实用的培养理念。无论什么层次的大学，均定位为培养不同类型的工程师，根据学校实际情况，定位应用型工程师、设计型工程师和研发型工程师，发挥传统学科的优势，办出学校特色。只有坚定了学校人才培养的目标定位和办学理念，大学才能清晰地把握学校工程人才培养方向，最终找到最适合自身的工程人才培养模式。

（四）大胆创新，勇于探索改革之路

国外现有的相对完备的工程人才培养模式均是在不断改革后才达到现在的效果。从20世纪40年代美国的"工程科学运动"，到1993年的"大工程观"，到2001年10月的"2020工程师计划"，再到2004年的CDIO模式，美国在不断地探索和调整其工程人才培养模式。我国的教育体制和基本国情与美国有很多不同，却同样面临改革的必要，传统的评价机制和旧有的人才培养模式需要高校、政府大胆创新，以社会人力资源市场反馈信息为主要评价标准，不断调整工程人才培养目标、方式、内容和体制等。只有不断地结合社会发展需求，才能在改革中探索出一条适合中国国情的工程人才培养道路。

二、高等工程实践教育的理论基础

（一）大工程观

工程教育的一个典型特征是综合性。伴随着美国工程教育的变革与发展，"大工程观"的工程教育改革理论体系被提出，其核心理念认为工程教育是科学、技术、非技术要素的融合共同体，不仅要注重工程技术本身，还要把非技术因素加以整合参与到工程活动中，才能形成完整的工程系统，才能对整个工程系统进行重点研究。随着社会的发展和技术的进步，现代工程系统表现出多种技术的集成和综合，这就要求工程教育要培养学生的基础知识、专业知识以及实践技能，并且能够把这些知识进行融合。为了更好地理解"大工程观"指引下的工程教育改革，可以从整体论的视角进行探讨。

运用整体论思想分析工程系统，首先要了解包含在大型复杂系统工程中的各学科的理论，了解相关理论之间的关联性和系统性，了解不同学科之间综合、工程系统与工程背景的整合。运用整体论思想分析工程实践系统，其内容就是要求工程技术人员能够综合运用各个学科的知识开展工程活动，与不同学科的工程师、技术人员合作，分析、解决现实世界的工程问题。运用整体论思想分析工程教育的实践教学模式，更要从目标、实现条件、程序和评价几方面出发，每一部分都缺一不可。将整理论思想应用于高等工程教育实践教学模式构建中，包括：重新制定人才培养目标，培养综合的、全面发展的工程技术人才；调整课程计划以及教学内容，将深入的自然、人文社科知识整合到工程教育中，将理论教学与实践教学学时进行科学分配，运用多种实践教学方法，提高学生的工程技能；建立联系工程实际的工程训练中心，给学生真实的工程师工作体验；强化教师队伍，提高教师的理论与技能教学能力；深入开展校企合作，联合培养面向社会需求的工科毕业生；运用多元化的评价方法，保证学生学习成果。此外，运用整体论思想进行工程教育实践教学还要求设立多学科小组，建立交叉学科。

（二）马克思主义实践观

马克思主义相比于旧唯物主义、唯心主义，其根本的不同就在于"实践"的观点。人的实践活动是内在相互影响的两个方面，一方面人通过设计、制造社会、企业所需的人工产物作用于自然世界，另一方面在对自然世界进行改造的同时也改变了人本身。在这个相互影响的过程中，人的认识逐渐变得丰富、全面，并且开始了解自然的表象、本质、规律性以及人与自然的关系；同时在进行生产活动的过程中，人类也会认识到彼此之间的关系。而这些知识，都是要通过实践活动才可以获得的。

工程教育的另一个典型特征是实践性。实践观是马克思主义认识论的一个重要内容。从人的认知规律来看,"在做中学"是"实践—认识—再实践—再认识",以至于无穷。但从教育过程、人才成长过程的角度上看,整体上应该是认识—实践—再认识—再实践,以至无穷。①理论学习与实践训练是教学活动的两个重要组成部分,二者在人才培养的过程中和程序上缺一不可。学习理论阶段和实践训练阶段对于知识和能力的培养及收获不完全相同,但却是彼此相辅相成的。学习理论阶段重点培养的是学生对于知识的获取、迁移能力,同时培养工程思维方式;实践训练阶段主要培养学生在真实工程环境下的动手实践能力,通过做实验、做项目,全面感受"工程"的各项内容。

通过多次实践,人们的思维不断发生变化,通过自我经验的总结形成解决、分析相关问题的大体思想、理论、计划或方案,然后再付诸实践,这样就完成了对整个具体过程的认识。工程教育实践教学的开展就是遵循这样的思路开展的,让学生在实践中不断积累个人经验,扩大自己的认识范围,不断提高能力。

(三)全面工程教育观

全面工程教育观(Total Engineering Education,TEE)是立足全球经济、政治和社会文化的发展与工程实践变革的新形势对我国工程教育改革提出的最新设想。全面工程教育观将工程思维作为人类共性的学科基础,倡导全过程、全包容和全民的工程教育。

"全过程的工程教育"主张工程教育包括整个教育和专业培养体系,覆盖从幼儿园教育、小学、中学到大学本科、研究生和继续教育的各个教育阶段;"全包容的工程教育"强调观察世界的全面视角,在人才培养过程中应综合技术和人文、技术和商贸,培养学生以多学科方法解决实际问题的能力;"全民的工程教育"强调工程思维对全体民众的草根性影响,主张强化工程教育的平民意识。

全面工程教育着眼于学生的全面发展,厚基础、强实践、文理并重,

---

① 杨叔子,吴昌林,张福润. 三论创新之根在实践[J]. 高等工程教育研究,2003(2).

使学生从依赖的学习者变为独立的学习者。全面工程教育帮助公众理解和体会工程对于社会文化的整体性影响，并认识到工程教育在面对复杂而多变的各种挑战时的强大能力。在我国实施全面工程教育，要着重强调通识性工程教育、面向技术前沿的教育、面向全球化的教育、创新教育、面向工程实践的教育几个方面，同时还要关注改进教学和学习方式、人文、艺术和社会科学教育以及师资建设等方面的问题。全面工程教育还强调在我国工程教育资源不够充分的情况下与企业联合，启动合作教育项目，加深学生对工程技术的理解，提高他们的动手能力。政府部门应采取措施鼓励企业参与，同时学校应在培养目标、课程设置、教师配置、学生实习、毕业设计等方面与企业进行积极的沟通与互动。

第二节　我国高等工程教育实践教学存在的问题及其原因

多年来，工程教育为我国的经济发展和社会进步培养了大批人才，做出了巨大贡献。但是，与此同时，还存在着不少问题。如培养的人才无法满足社会的需求，毕业生工程实践能力差，缺乏工程设计和工程创新能力等现象。2013年，教育部高等教育教学评估中心联合北京航空航天大学、清华大学通过对100多所高校和有关行业协会组织、企事业单位的深入调研，共同研制了我国第一份《中国工程教育质量报告》（下文简称《报告》）。《报告》从培养目标达成度、社会需求适应度、办学条件支撑度、质量检测保障度以及学生和用户满意度5个视角进行了调研分析，指出了当前我国是世界工程教育"大国"而非"强国"的现状，对于存在的问题也毫不避讳地提出。其中，包括当前高校一些专业的培养目标前瞻性不足，并且特色不明显、课程体系不能很好地支撑工程教育人才培养需求、实践教学师资队伍的建设有待加强、工科毕业生的实际动手能力欠缺、工程设计综合意识和能力需要加强等。事实上，早在2010年，《国家中长期教育改革和发展规划纲要（2010—2020年）》已经明确了对实践教学的重视，很多学者随即对我国的工程教育实践教学进行了研究分析，发现了一些突出的问题。

一、我国高等工程教育实践教学存在的问题

（一）培养目标不明确

高等工程教育不仅具有高等教育的共性特征，同时也具有工程教育的个性特征。因此，高等工程教育的培养目标应该既包括通识教育的培养目标，又包括工程专业教育的培养目标。高等工程教育的主要目标是培养工程技术或工程实践型人才。因此，工科毕业生应该是工程师，尽管一毕业生进入公司或企业暂时不能完全胜任工程师的任务或获得工程师的职务，但是在通过一段时间的实践锻炼之后即可成为工程师。当前复杂的工程系统和工程环境对工科本科毕业生提出了更严格的要求。从通识教育的角度来看，毕业生不仅要有足够的知识宽度、知识迁移能力和终身学习能力，还要具备跨学科团队合作能力；在进行分析设计的过程中，不仅要考虑技术的可行性，还要关注法律、政治、伦理等因素。从工程专业教育的角度来看，我国长期将工程教育与科学教育混为一谈，而且认为"理"比"工"好，"科"比"技"强，导致了工程专业教学过程中重理论轻实践，培养出的毕业生动手实践能力差，缺乏专业实践经验，无法适应工程师的角色和工作。

（二）实践课程体系不全面

我国工科院校的实践课程体系在教学设计和实践活动的安排方面缺乏清晰的层次性。高等工程教育的实践教学包括实验、课程设计、实习、毕业设计、社会实践、课外科技创新实践等诸多环节，但各个环节之间缺乏联系，集成性差，未能建立起有效的"专业核心技能—综合实践能力—科技创新能力"训练体系。而且，我国《工程教育专业认证标准（试行）》规定课程体系中"实践环节和毕业设计（论文）约为总学分安排的25%"。虽然有些工科院校按照标准要求可以设置25%的实践环节，但是在具体实现的过程中，还存在很多问题。学生在实验课上没有获得足够的机会进行动

手操作，自主性、设计性实验难以落实，不仅实习的时间严重缩短，而且学生在实习中往往以参观为主，很少参与到企业实际问题的解决中。随着教学规模不断扩大，实践教学的要求与具体实现之间存在较大差异。

当前工科院校的实践教学内容陈旧，教材没有得到及时更新，无法满足科学技术的发展要求，不足以为学生提供最新的知识并在社会竞争中很好地占据有利地位。而且，目前工科专业存在学科结构不合理的现象，专业面窄，知识结构单一。工科毕业生只懂本专业的技术知识，对于经营管理等内容则知之甚少，缺少对交叉学科知识的了解与应用，并且严重缺乏人文素养。而工程的综合性势必要求工程师的跨学科知识积累和跨学科能力锻炼来适应未来工程世界的需求。美国的工科院校非常重视学生跨学科能力的培养，都会成立专门的跨学科研究中心或学习小组，如麻省理工学院、加州大学伯克利分校甚至包括一些文理工程学院如欧林工学院、哈维穆德学院等。

（三）实践教学方法陈旧

虽然工程教育改革以来一直倡导教育方法的改革，其中最为突出的就是要体现学生的主体性。但事实上，我国高等工程教育依然延续了传统的以教师为中心的教学思想和教学方式，教学活动也是围绕"教师、教材和课堂"展开的，探究式、研究性教学方法没有得到很好的应用，提供给学生自主学习和主动实践的机会较少，学生被动接受知识、信息，导致学生参与的积极性下降，学生的能动性没有很好体现。我们都知道，基础实验和专业实验有助于学生加深对理论知识的理解和掌握，综合性的探索实验可以促进学生对问题的分析思考，更加有益于知识的应用。但是由于目前教学方法的陈旧，使学生的主动性、积极性和创造性受到限制，长期处于被动实践的窘境，导致学生缺乏解决实际问题的能力和创新能力。

（四）实践教学师资队伍力量薄弱

师资队伍作为高等工程教育的一个重要组成部分，在实践教学中起着关键作用，但是既具有丰富工程背景又具有较高学术水平的教师严重缺乏。高等工程教育的教师工程素质和实践经验不足，导致实践教学水平较低，实践教学的质量难以保证，因而很难培养出具有实践能力和创新能力的人才。

我国《工程教育专业认证标准（试行）》规定："有适当比例具有工程经历的专职教师，有一定数量的企业或行业专家作为兼职教师。"但是，目前一些高校实践教学的专职教师自身知识结构和能力单一，无法全面培养学生的工程综合能力。而且，企业和行业的兼职教师很少参与到学生日常的实践教学中。《报告》指出："高校在保障教师工程实践的制度建设方面存在的问题仍然比较突出，需要进一步加强。"目前，一些学校缺少对实践教学专业教师的培训，也不重视促进师资水平提高的实践教学研究。学校缺乏相应的激励政策和竞争机制，最终导致了高校学术能力比较强的教师不注重教学，而把更多的精力用于追求科研成果。

近年来，随着学生规模的不断扩大，对教师数量的需求也不断增加，学校大批引进应届的博士生、硕士生担任教学工作。然而，他们虽然具备高学位，但是由于应届毕业的教师在学校接受的主要是理论性知识和学术训练，很少有在企业工作和解决大型工程问题的实际经验，很难从自身的角度指导学生，实践教学的效果也就可想而知。工科教师队伍普遍缺乏工程实践经验的现状，成了影响高等工程教育实践教学质量的一大问题。

（五）校企合作层次与深度不够

有效的校企合作是充分锻炼学生实践能力的机会和平台，但是我国高校与企业的联系极其薄弱。教育部高等教育教学评估中心主任吴岩说："行业企业没有完全参与到高校培养目标的制定、专业课程体系的设置、实践教学能力的培养及学生学习成果评价等诸多方面的过程中。校企联合办学体制机制还没有建立起来，没有达到深度融合的层次。"而且，目前还没有制定出校企联合培养和合作办学的法律法规以及相关的配套细则，使得校企合作无法达到互利共赢的局面。

二、我国高等工程教育实践教学存在问题的原因

从以上对我国高等工程教育实践教学现状的分析可以看出，虽然目前我国的工科院校为社会发展培养了大量的人才，但是在实践教学中还存在

着很多弊端，严重影响着工程技术人才的培养质量。造成这些弊端的原因是多方面的，主要有来自高校外部和高校自身两部分的原因。

（一）外部原因

随着我国高等工程教育规模的不断扩大，政府提供的教育经费也在增加，但是其经费投入的速度跟不上学生数目的增长速度，导致教学资源相对紧张。而且，高等工程教育需要的实验室、工程训练中心等设备经费投入远比人文社科教育要多，实践教学设施的不足将直接影响本科工程教育质量。

我国长期存在着科技、经济、社会与教育发展脱节的现象，这直接导致了学科间的封闭、隔阂。随着当前科技的迅猛发展，市场对多学科间的协同与融合提出了迫切的要求，现有的教育模式已经很难适应大工程时代跨学科形势的发展和需要。

（二）内部原因

1. 学校方面

目前我国的工科院校缺乏真正的办学自主权，缺少自己的特色。一些高校不能很好地结合自身实际，盲目追求排名，盲目攀高，在实现综合发展的同时将工程教育边缘化。

随着学生人数的不断增多，学校的生师比也逐渐增大。我国普通高校生师比已近突破普通高校基本办学条件生师比标准，也超出了国际公认的生师比标准。生师比的不断扩大导致教师给予学生的专门指导减少，教师的生均教学负担加重，同时教师参与培训、外出进修学习的机会减少等。

2. 教师方面

一方面，受我国传统教育观念的影响，教师在教学的过程中，不能充分认识到学生的主体性，因而在教学过程中，还是以"教师为中心"。长期以来，教师对实践教学的重视程度不够，同时还存在认识上的偏差，认为"科比技高，理比工强"，因而用科学教育的方法讲授工程类课程。对于实践教学，为了完成课程要求，教师只是简单地组织学生在实验室进行科学原理的验证，学生按照教材上的实验程序和说明进行操作，得到确定的数据和结论即可，没有引导学生进行自主研究和探索。

另一方面，目前学校缺乏对工科教师有效的绩效评价系统，因此对工科教师的科研与教学评估主要是通过科研经费、科技成果，如论文、著作、获奖情况等指标，使得教师重科研轻教学。

3. 校企合作方面

长期以来，高校面向市场的开放性不足，缺乏与产业界的密切联系。在高校制定办学目标及教学改革创新时，缺乏企业和市场的参与，而只是由校内的教育家和工程专家设计。

第三节　我国高等工程教育实践教学创新探索

一、经验的借鉴

随着经济全球化和世界范围内的科技革命的兴起，各国都采取相应的战略规划和举措应对新的机遇和挑战，美国、英国、德国等发达国家通过科技创新占领制高点获取利润，这个过程离不开工程教育培养的技术人才。作为发展中国家，我国经济要保持持续的增长，就要努力发展现代化工业，建立一支综合实力过硬、专业技术领先的现代化工程师队伍。而且这支工程师队伍还要继续壮大。我国是高等工程教育大国而非强国这一客观实际，要求我国工科院校在注重工程师"量"的同时，一定要把握"质"这一关键问题。

通过对国外高等工程教育人才培养目标的对比研究发现，他们培养的工程师都需要具备扎实的工程理论知识、专业技能、实践能力、创新意识、跨学科团队协作能力以及优秀的职业道德等，而我国的工程人才培养质量显然还没有达到这一要求。因此，借鉴国外的工程教育教学经验，培养符合时代要求的工程师队伍，为促进我国经济的可持续快速增长储备人才，具有非常重要的意义。

国外更加注重宽基础、广泛性知识的培养以及工程设计教育，校企紧密合作，强调跨学科知识的培养和团队合作等。无论是美国还是德国，其课程的设置都表现了高校对学生基础知识广泛性的重视，而不是仅局限于单一的课程，为学生快速适应劳动力市场需求做好准备。在校企合作方面，工业发达的欧美工科院校都做到了学校与企业、公司、机构的紧密联系和深度合作，通过基于项目或基于问题的实践教学，学生与企业团队共同解决企业中的工程实际问题，创新设计解决方案，转化为产业成果，企业为学校提供项目经费，选拔优秀的项目成员进入企业工作，真正达到"三方共赢"的局面。

工业发达的欧美工科院校意识到工程教育的综合性，在工程实践教学中均表现出了对跨学科知识能力的培养，美国的MIT、德国的TUM等都设置了跨学科课程，并成立了跨学科学习中心或研究小组，不同学科的学生就同一个项目从不同的学科角度进行分析合作，更容易产生创新的观点和设计，体现工程教育的创新性。这些都为我国的工程教育实践教学改革提供了丰富的经验。

二、培养的目标

工程与技术鉴定委员会（Accreditation Board for Engineering and Technology，ABET）作为美国最具权威的专业性工程鉴定机构之一，为工程教育制定专业的鉴定政策、准则以及鉴定程序，于2001年以来全面实施"工程标准2000"（Engineering Criteria 2000，EC2000），注重学生的学习效果和产出，提出了对本科毕业生学习结果的要求。

在博洛尼亚进程的背景下，欧洲工程师协会联盟提出"FEANI公式"，规定了欧洲工程师应该具备的业务知识、技能和素养，该公式也被视为欧洲工程教育人才培养的标准。

2008年，我国教育部颁布了《工程教育专业认证标准（试行）》，为学校培养工程教育本科水平人才提供了较为通用的标准，同时也促进了人才素质的提高。

表3-1　美国工程教育人才培养标准

	工程教育认证标准	知识	能力	素质
美国	a) 运用数学、科学与工程知识的能力； b) 设计并实施实验方案、分析与解释数据的能力； c) 在现实的经济、环境、社会、政治、伦理、健康与安全、制造能力和可持续性等条件的约束下，根据需要设计系统、部件或过程的能力； d) 在多学科团队中工作的能力； e) 识别工程问题、建立方程和解答的能力； f) 对职业和伦理责任的理解力； g) 有效交流的能力； h) 具有必要宽泛的教育背景，以理解工程解决方案在经济、环境、社会及全球情境下可能产生的影响； i) 认识终身学习的必要性，形成终身学习能力； j) 掌握当前时代问题的知识； k) 运用必要的技术、技能和现代工程工具解决工程实际问题的能力。	h j 2	a b c d e g k 7	f i 2

表3-2　欧洲工程教育人才培养标准

	工程教育认证标准	知识	能力	素质
欧洲	a) 理解工程的职业并承担服务社会、专业和环境的义务，通过承诺合适的专业行为准则担当应尽的责任； b) 掌握基于与其学科相应的数学和自然科学学科的工程原理知识； c) 掌握其所在工程领域的一般工程实践知识、材料性能，以及材料、元部件、软件的制作与应用； d) 能够运用恰当的理论和实践方法去分析并解决工程问题； e) 了解与所在专业领域相关的现有技术和新兴技术； f) 具备工程经济学、质量保证和维护的基本知识技能，并具有使用技术信息和统计数据的能力； g) 能够在多学科项目中与他人合作共事； h) 能够在管理、技术、财务和人事事务中体现领导力； i) 具有交流沟通技能，并有义务借助继续职业发展维持专业能力； j) 了解所在专业领域的相关标准和规章制度； k) 具有不断进行技术革新的意识，培养在工程专业领域追求创新的态度； l) 掌握几种欧洲语言，以便在欧洲各国工作时能进行有效沟通。	b c j 3	d e f g h l 6	a i k 3

表3-3 我国工程教育人才培养标准

工程教育认证标准	知识	能力	素质
中国 a) 具有较好的人文社会科学素养、较强的社会责任感和良好的工程职业道德。 b) 具有从事工程工作所需的相关数学、自然科学知识以及一定的经济管理知识。 c) 具有综合运用所学科学理论和技术手段分析并解决工程问题的基本能力。掌握必要的工程基础知识以及本专业的基本理论、基本知识；了解本专业的前沿发展现状和趋势；受到本专业实验技能、工程实践、计算机应用、科学研究与工程设计方法的基本训练，具有创新意识和对新产品、新工艺、新技术和新设备进行研究、开发和设计的初步能力。 d) 掌握文献检索、资料查询及运用现代信息技术获取相关信息的基本方法。 e) 了解与本专业相关的职业和行业的生产、设计、研究与开发的法律、法规，熟悉环境保护和可持续发展等方面的方针、政策和法津、法规，能正确认识工程对于客观世界和社会的影响。 f) 具有一定的组织管理能力、较强的表达能力和人际交往能力以及在团队中发挥作用的能力。 g) 具有对终身学习的正确认识和学习能力，具有适应发展的能力。 h) 具有国际视野和跨文化的交流、竞争与合作能力。	b e 2	c d f h 4	a g 2

通过对比可以发现，以上工程教育人才培养标准均以学生的视角作为出发点，规定学生毕业时在知识、能力、素质三方面达到一定的要求。三者均强调工科生应具备工程实践所需的数学、科学基础知识以及一定的管理知识，但是更强调专业方面的技能、运用已有知识解决实际问题的技能、沟通技能和团队合作技能的培养。此外，三者均注重学生要具备人文社会学科的基本素养、优良的职业道德和社会责任感。因此，构建我国的高等工程教育实践教学模式，首先要明确高校的人才培养目标，要改变以往工程教育的"学科导向""科学导向"的惯性思维和常规做法，向着"能力导向"和"实践导向"迈进，在大工程观、马克思主义实践观、全面工程教育观的指导下，以学生为中心，以提高工科本科生的实践技能为侧重点，培养具有工程综合知识和素养、拥有良好实践能力和创新能力的新一代工程师。

三、实现的条件

（一）课程体系

通过对国外实践教学的研究与分析，笔者构建了"一主线、二通道、三阶段"的实践教学课程体系，实现"科学知识—技术知识—工程知识"的相互渗透和融合，完善工程人才知识、能力和素质的全面要求。"一主线"是指将项目贯穿于整个本科学习过程；"二通道"是指自然科学基础课程、人文素质拓展课程、工程通识教育课程、工程专业课程等必修课和选修课；"三阶段"是指工科院校学生培养的"基础阶段—提高阶段—顶层阶段"。

借鉴国外经验，工科高等学校在课程设置方面体现出"层次性、模块化"的特点，并且课程模块之间衔接紧密。针对不同阶段的学生开设相应的课程，非常注重学生综合能力的培养，提供的必修课和选修课丰富多样，可以极大满足学生自身全面发展的需求。课程强调参与项目过程中获得知识的理解和应用，同时锻炼跨学科的交流合作以及沟通表达能力。"一主线、二通道、三阶段"的实践教学课程体系，将项目贯穿于整个本科学习过程，通过必修课和选修课的学习使学生获得宽厚而广泛的基础知识。

"一主线"要求项目具备两个特点：（1）通识性。学生通过学习和实践具体工程项目来获得通用的能力，用举一反三的学习方法，从具体工程实践中抽象出能力和方法，进而能解决一般的工程项目完整生命周期产生的许多问题。（2）针对性。项目必须针对相应阶段学生的知识获取和能力培养，通过项目学习保证学生学习成果。

"二通道"通过开设丰富的必修课和选修课，如在工程专业课中增设工程伦理学、工程经济学、工程管理学等，在与项目教学进行密切配合，使学生具备扎实专业知识和技术的同时，培养学生的人际交往能力、领导力、团队合作能力、诚信、责任感等职业伦理，个人坚持不懈、敢于创新的勇气、终身学习的态度以及时间安排、自我资源管理等技能，这些"软技能"和"高素质"的培养也是CDIO的大纲中所涉及的，不仅包括管理类、经济类、法律知识，还包括外语语言沟通、信息技术掌握等方面。跨学科知识的学习和掌握也越来越成为本科工程毕业生需要具备的能力。学生能够综合掌握这些领域的知识和技能对于其个人的职业成功是至关重要的。

"三阶段"要充分体现项目的针对性。基础阶段面向新生。对于新入学的学生来讲，他们不可能一开始就接触完整的项目，但可以通过现场观摩、学习简单的测量技术、听工程前沿的讲座报告、实验室动手体验等培养学生的工程意识和对设计的理解，使其了解工程的具体内容，培养专业认同感，激发学习兴趣。提高阶段面向大二、大三的学生，开设最前沿的专业发展介绍课程，引入简单的项目，这些"小项目"的周期要适度，包括项目选题的构思、设想项目的初衷设计等都可以让学生团队来完成。通过这些小项目的练习、积累和积淀，将所学到的知识进行融合，达到知识能力集成的目的，同时找出自己知识上的欠缺和不足之处，为进入顶层阶段进行综合化的完整工程师项目打好基础。在这个阶段，还有最重要的一项是要开设工程研讨会，为学生和教师学习工程前沿和项目开展等方面的知识提供充足的平台，激发工程院校师生学习的积极性和主动性。顶层阶段主要面向大三、大四的学生，通过参与校企合作的高级项目或者国家大学生创新性实验计划项目，根据需求确定设计目标，制订计划，具体实施，得到项目成果，投入到真实的企业生产中，解决真实世界的问题，并将项目成果转变为毕业设计，既完成了项目又完成了课程要求，实现项目与课程的协同开展。

（二）教学方法

全面工程教育观要求"以学生为中心"的教学方法，需要在本科工程教育实践教学中改变传统的"以教师为中心"的教学理念和方法，为学生提供多元化、多样化的实践教学方法，给予其更多的自主性。英国阿斯顿大学提出了"主动工程"的实践教学方法，其中包括动手实践课程、讲座、辅导和研讨会、视频和电脑辅助学习、实验室课程和项目工作、个人研究等；德国慕尼黑工业大学的工程实践教学形式不仅包括练习、研讨会、实践与实验，还注重实地考察等内容。为了更好地提高学生的自主创新动手能力和实践设计水平，通常需要同时使用几种实践教学方法。

目前应用较为广泛的教学方法包括探究式学习、基于问题的学习、基于项目/课题的学习以及案例教学法等。探究式教学方法有助于锻炼工程类学生的思维方式，加深其对工程相关基础知识及概念的理解水平。基于问题的学习和基于项目/课题的学习方式通常会结合使用，以问题为导向，以项目设计为依托，学生与指导教师和企业联络员组成项目团队，针对学生从现实生活中发现的问题或者企业面临的工程问题，进行项目设计。通过概念定义、初步设计、详细设计等内容，全面地锻炼学生分析问题、解决问题的能力及水平。在这个过程中，通过撰写项目申报书、中期汇报和最终报告以及过程中的项目进展汇报等锻炼学生的书面写作能力和口头表达能力。项目小组通常来自不同的专业，跨专业的团队合作能有效激发学生的创新能力。案例教学法，通过学生对真实场景的描述或者对虚构的案例进行分析研究，提高学生发现问题、解决问题的能力，同时提高其决策能力。在本科工程教育实践教学中，根据各阶段、各教学内容的差异可采用有区别的教学方法。在基础阶段，针对自然科学知识，可以采用探究式学习，让学生阅读文献，通过阅读找出文献中潜在的假说和假设，收集数据验证假设，加深学生对知识的记忆和理解，激发学生的学习动力。在提高阶段可以运用案例教学法和探究学习，让学生在学习专业前沿知识的同时，培养其分析、解决问题的技能。在顶层阶段则重点运用基于问题和基于项目/课题的学习，不断提高学生的工程综合素质。

（三）师资队伍

师资队伍在本科工程教育实践的教学过程中起着至关重要的作用，师资队伍既是教学的组织者又是教学的实施者。针对"一主线、二通道、三阶段"实践教学课程体系的实现与运用，要保证"辅导员—校内任课教师—企业教师"共同参与工程学生培养，各司其职。

辅导员要具备良好的业务素养，在负责学生思想政治教育和日常生活管理的同时，也应该指导学生发展自身的兴趣、特长，制定和规划人生目标，开展就业指导并且对学生进行心理健康教育。

校内任课教师包括通识类课程教师和专业课程教师。对于通识类课程教师，他们不仅要为学生提供深刻且专业的人文、社科、艺术类等课程教学，同时也要承担起大学精神的传承、研究和创新，因此通识类课程教师不仅要有专业背景，同时要有一定的工作经验。专业课程教师，不仅要教授学生工程专业知识，同时也要传授工程伦理、环境道德等内容，并且通过自己的学术态度影响、引导和培养学生的学习兴趣。专业课程教师应具有副教授以上职称，并且有至少两年的工程实践经验。

工科院校还应该采用"内培外引（聘）"等切实有效的措施，面向学校的专业课教师开展有计划、分步骤的培训工作，定期为每名教师提供至少一两次校外培训机会。对于校内工程类专业课教师和指导教师，要求每年至少提供三个月的时间用于企业实践，通过与企业共同进行技术攻关、科研合作等保证工程实践经验的不断更新，提高任课教师的工程实践能力，促进科技成果的转化。

对于企业教师队伍，要根据不同的教学任务，分别采用相应的选聘标准。企业实习教师、企业授课教师、企业导师需要的能力和素质都应该各有侧重。企业实习教师要具备丰富的实践经验、具有工程师及以上职称，担任学生在企业实习的教师；企业授课教师要求有丰富的工程实践经验并具有较强的学术水平和表达能力，具有高级工程师及以上职称，担任专业课程的授课任务；企业导师还要求了解教育教学一般规律，能够指导学生在专业阶段的学习，并且指导学生的毕业设计。

（四）校企合作

高等工程教育实践教学的校企合作可以体现在多个方面，包括：企业与高校共同制定教学目标、培养计划以及课程的设置，企业为学生提供良好的实习、实训平台，企业选派导师进行学生的实践教学活动，本科生有机会参与企业的项目设计以及项目开发等。为了更好地实现"一主线、二通道、三阶段"的实践教学模式，高校可以与企业共同建立项目库，并且就项目的设计完成组建团队，同时在"三阶段"的学生工程实践锻炼中，可以通过制定校企合作双方有关工作实施的责权利制度，明确校企合作过程中学生的项目完成要求和相关教学管理制度等，建立完善的合作体系。

高校与企业共同建立项目库，包括已经完成的项目和刚刚成立的项目。已经完成的项目可以是与企业合作过的项目、学生自选有意义的项目、有社会和市场价值的项目，这些可以作为案例以便学生用于不同阶段的学习和训练。

对于刚刚建立的项目，则需要"学生—教师—企业联络人"组成项目团队，进行项目的分析、设计等，将所学知识运用到解决企业实际问题的过程当中，同时进行再学习。学校一方面可以增加项目经费来源，另一方面也为学生提供了潜在就业机会；企业既可以获得项目成果，知名度也会有所提升，还能从学生团队中招聘所需人才；学生在参与过程中，获得真实的实践经历，了解企业需求，为步入就业市场做好准备，实现人才供给与企业需求的有效对接。通过这种学校与企业的良性互动，形成长效合作机制，达到三方共赢的局面。

企业为学生提供的实习基地是学校开展实践教学的重要场所，也是校企合作的重要载体。企业可以为"三阶段"的学生提供相应的实习、实训，在这个过程中锻炼学生的实践能力。

此外，企业对毕业生的需求代表了社会对高校人才的需求。因此，只有企业最直接地掌握社会及市场需要怎样的人才。因此，学校在制定本校的专业学术标准和具体培养方案时，要广泛听取来自不同企业的意见和建议；教务委员会、教学工作会议邀请企业参与，直接反映企业诉求；通过学校质量保证体系的运行，定期听取企业意见，保证学校人才培养工作与企业人才需求的符合度。在确定了人才培养方案后，企业要参与到课程的设置以及授课中，将最前沿的工程知识和最新的技术介绍给学生，培养学生的工程实践能力。

四、评价体系

长期来看，工程教育中习惯于通过实验报告、实习报告、出勤、获奖等因素来评价实践教学，属于静态评价，忽视了学生实践能力的增长情况，未体现出学生实践能力提升的导向作用。通过对国外做法的研究发现，他们注重从多维的角度对学生的实践教学进行评价，体现出了多样性、整体性和及时性。在完善本科工程教育实践教学评价体系的同时，应注重内部评价和外部评价。"一主线、二通道、三阶段"的实践教学模式，注重学生在参与项目的过程中获得实践能力，因此只依靠传统的静态评价是不行的。

从评价方法考虑，要针对工程实践活动进行系统的设计与考量。除了课程学习获得学分，还要对学生在课程设计、实验中的个人任务进行评分；对于每次实习都要建立个人日志，将参观过程中的总结和假设记录下来，交给企业导师进行评分；针对每次项目的团队任务完成情况进行打分，包括产品的展示、产品文字等。

评价主体方面，要涉及教师、企业、学生以及教育研究者等多方评价。不仅包括教师进行的期中和期末学生评教、利用反馈表和模糊卡片进行的随堂式评价，还应包括学校教师与企业导师共同开展的教学前测评和教学完成后测评、学生完成任务的表现分析、项目成果的分析、本科生课程学习记录册等。在校企联合开展实践教学的过程中，要加大对实践教学的及时评估和密切监控，制定实践教学各环节的评价方法与评价标准，共同参与对实践教学的评价与考核，企业要有专人负责对学生完成实践教学的情况进行监督和评价，并在学生完成实践教学任务后提交一份评价报告，对本科生的实践教学过程进行全程监控把关。针对团队合作完成项目、毕业设计，还要引入同行评估，对学生在此过程中的表现给予打分。教育研究者要开展毕业生与相关企业的问卷调查，了解本专业学生的就业情况以及企业的满意度。

学生实践教学评价是为了了解学生是否在教学过程中获得实践思维的锻炼和实践能力的提升。因此，建立多渠道的信息反馈，包括学生的反馈和领导、同行专家、管理人员、教学督导的反馈，有助于发现教学中存在的问题并及时调整。

第四章 我国高校工程教育教师培养体系创新探索

　　十七大以来，党中央作出了走中国特色新型工业化道路、建设创新型国家和人才强国等重大战略部署；党的十八大进一步强调要加强教师队伍建设，提高师德水平和业务能力，增强教师教书育人的荣誉感和责任感，推动高等教育内涵式发展。提高质量是高等教育的生命线，是国家中长期教育改革和发展规划纲要确定的重要方针。对高等工程教育而言，尤其如此。高等工程教育是科技成果向现实生产力转化的重要环节，承担着培养造就一大批创新能力强，适应经济社会发展需要的高质量各类高等工程技术人才的重任，其培养人才的质量直接关系到国家核心竞争力的提升和战略目标的实现。

　　高等工程教育能否承担这一重任并完成这一使命，关键在于能否造就一支具有理论与实际相结合的知识结构、科学与技术相融合的工程实践能力、科学精神与人文精神相渗透的工程创新能力的高水平工程教育教师队伍。高等工程教育教师是实现高等工程教育培养目的最重要的资源，高等工程教育教师培养是提高高等工程教育质量的最关键环节。

第一节 高等工程教育教师培养的理论研究

一、理论基础

（一）三重螺旋模型理论

　　三重螺旋模型理论是流行自20世纪90年代中后期的创新结构理论，是官产学合作伙伴关系的一种创新模式。三重螺旋模型理论创造性地引入生物学中的三重螺旋型概念，生动形象地描述了政府、企业、大学这三个创新主体间，以市场为导向，以科技创新为纽带，互有分工而又紧密合作的密切关系。首先提出三重螺旋模型这一概念的是美国学者亨利·埃兹克维茨，他用之解释在知识经济时代高校和产业以及政府三者间的新关系；荷兰学者劳埃特·雷德斯多夫发展了这一概念并为该模型提供了理论系统。

三重螺旋模型认为，大学不再仅仅是传统意义上进行技术研发和培育人才的主体，它同样可以成立公司，转化自己的科研成果，获取市场效益；企业也不再仅仅是进行技术转化和产品加工的市场主体，它同样可以独自进行新技术研发和人才培训；对于产学合作，国家也不再是仅仅依靠行政命令来强制干预或者放任不管，而是积极引导、扶持大学和企业广泛开展深入合作进行创新人才培养和新技术研发。

（二）教育与生产劳动相结合理论

教育与生产劳动相结合是马克思主义的基本理论之一，是中国特色社会主义高等教育校企合作培养教师必须坚持的基本原则。马克思在《资本论》中写道："教育与生产劳动相结合，不仅是提高社会生产的一种方法，而且是造就全面发展的人的唯一方法，也是改造现代社会的最强有力的手段之一。"列宁在现代技术革命的条件下，将其发展到社会主义国家普遍生产劳动与普遍教育结合的高度，使其成为培养具有综合技能的现代劳动者的重要手段。他认为："没有年轻一代的教育与生产劳动结合的教学和教育，或是没有同时进行教学和教育的生产劳动，都不能达到现代技术水平和科学知识现状所需要的高度。"（《列宁全集》第2卷，人民出版社，2013年，第463页）毛泽东继承和发展了列宁学说，并将其应用于中国实际，倡导教育为生产劳动服务是毛泽东教育思想的基本原则。他的"教育必须为无产阶级政治服务，必须同生产劳动相结合"（毛泽东1958年视察天津大学时的讲话）的主张成为我国社会主义的教育方针。邓小平进一步深化了毛泽东的教育与生产劳动相结合的理论，他强调整个教育事业必须同国民经济发展的要求相适应。胡锦涛则强调，要"把深入实践作为成长成才的必由之路"（《光明日报》，2009年5月4日）。几代领导人对教育与生产劳动相结合思想的继承发展与创新，成为理论与实践相结合、教育与生产劳动相结合的校企合作培养高等工程教育教师的理论指导方针。

（三）实用主义教育理论

实用主义教育思想是20世纪在美国居于主导地位的主观唯心主义的哲学流派。实用主义的创始人是查尔士·桑德斯·皮尔士，他曾提出了著名的"皮尔士原则"。后来美国哲学家和教育家约翰·杜威对这一思想进行了深化。他认为：（1）教育必须适应现实需要，不仅要与社会生产相结合，还必须与社会生活相联系；（2）教育应该注重实用的知识和技能的传授；（3）应使受教育者为将来进入社会做好准备；（4）教育与生产相结合应该与受教育者的实际需求结合起来。实用主义的教育思想使生产与教育的联系空前紧密。

（四）心理契约理论

心理契约内容应包括两个方面，即员工的心理契约（员工对于相互责任的认知和信念系统）和组织的心理契约（组织对于相互责任的认知和信念系统）。它是内隐的、不受法律保护的、动态的，但有激励效果。其主要包括7个方面的期望：报酬、良好的工作环境、晋升、任务与职业取向的吻合、价值认同、安全与归属感、培训与发展的机会。它具有非正式性、脆弱性、双向交互性和客观性的特点。

心理契约履行的本质就是教师激励，是教师综合激励机制的核心。契约履行就是教师和高校为了满足对方的要求，自觉履行各自的责任，在这个过程中能够使对方有付出与收获的公平之感，从而最大化地平衡教师和高校的利益。从高校管理角度讲，就是高校对教师个人及其所做工作给予公正的评价，满足教师多方面的需要，激发教师工作更加积极和努力。高校可以从提供教师经济上的保障，给予教师和谐的环境和温暖的人文关怀等方面进行激励。从高等工程教育教师的角度讲，他们在个性特点、心理需求、价值观念等方面存在特殊性。他们具有扎实的专业基础、较强的创新能力和实践能力、强烈的社会责任感。因此，他们更希望得到认可和提升，特别重视精神激励和成就激励。

二、国外高等工程教育教师培养体系的研究

纵览德国、美国、加拿大、俄罗斯、英国和日本等发达国家有关高等工程教育教师培养体系的文献，发现研究主要集中在高等工程教育教师职前提高和继续教育的措施，而专门研究怎样培养高等工程教育教师的文献很少。究其原因与国外高等工程教育模式有关。具体特点如下：首先，国外高等工程教育教师在入职前已经具有一定的理论知识和工程实践经验。其次，国外高校遴选教师的标准很严格，教师来源渠道多样化。再次，高校或者行业协会积极组织教师职前培训，要求教师掌握新的教学方法、教学形式及新学科的内容，提高教师专业能力。最后，高校为教师提供与企业界、行业界交流与合作的机会，促进教师专业知识的更新，增加新的工程实践经验。

三、国内高等工程教育教师培养体系的研究

翻阅国内有关高等工程教育教师培养的相关文献，发现国内研究高等工程教育教师培养体系的文献很少。由于我国目前没有现成的经验可借鉴，高等工程教育教师的培养并没有形成完整的体系。国内对于高等工程教育教师特征规格的研究比较笼统，并没有指出每项特征规格的具体内涵。国内主要集中于研究校企合作培养青年教师的实践能力的方法，而忽视教师专业知识、社会适应能力、道德品质和身心素质的培养。另外，只有高校单方面为高等工程教育教师培养制定了政策制度，企业和国家并没有为此制定切实可行的制度保障。

王媛在《论理工科大学教师的知识结构》一文中指出理工科大学教师的知识结构可由教师的学科本体性知识、条件性知识和实践性知识几部分组成。教师的学科本体性知识可分为工具性知识、基础知识、专业基础和专业知识；教师的条件性知识包含人文社会科学知识、教育学和心理学知识；教师的实践性知识主要指教师教学经验的积累。林健在《胜任卓越工程师培养的工科教师队伍建设》一文中指出工科教师要具有广博的知识

面、丰富的工程实践经历、卓越的工程教育教学能力和崇高的敬业精神和职业道德、扎实的工程设计开发能力、超凡的工程技术创新能力、突出的工程科学研究能力。鲁烨在《关于高等工程教育师资队伍建设的几点思考》一文中特别指出高等工程教育师资应具备优良的职业道德。任永维、卢逢春在《高等工程教育师资队伍建设基本问题的思考》一文中指出高等工程教育师资队伍建设应遵循"专兼结合、多元聚才""大学精神、工程素质""教学科研、师德至上"的原则。赵韩强、赵树凯、刘莉萍在《试论高等工程教育师资队伍建设》一文中对师资队伍素质的要求特别指出要具备健康的身心素质。郭炜煜、包万平在《"卓越工程师"教育培养计划与师资专业化问题研究》一文中指出卓越工程师要具有国际化视野。王涛、王爱国、刘美在《工程教育理念下实践教学体系建设的思考》一文中特别指出卓越工程师必须具备团队协作能力和人文精神与情怀。丁三青、张阳在《三位一体的工科教师培养体系研究》一文中提出国家、高校、社会三位一体培养工科教师，即国家引导，行业牵线搭桥，高校和社会校企产学研合作培养高等工程教育教师。许佳瑛在《从专业化视角认识和加强高校教师队伍建设》一文中指出了浙江工业大学对本校教师认定的标准，包括：学历要求、普通话水平等级要求及教育学、心理学课程必修的要求、教育教学能力要求等。刘子建、李勇军在《构建面向工程的实践教学体系》一文中指出香港理工大学工业中心采用"教学工厂"模式，提供门类齐全、内容广泛的培训课程让学生在模拟的工业环境中接受多元化的工业培训。惠晓丽、吉莉、徐鹏在《高等工科院校青年教师工程实践能力培养问题研究》一文中提出了提高教师入职门槛，加强校企产学研合作，聘请企业兼职教师等。王爱侠、张燕在《基于"卓越计划"下的工程教育教师队伍建设研究》一文中特别提出拓宽教师来源渠道和建立激励机制。

因此，结合国外发达国家对高等工程教育教师培养采取的措施、国内学术界对高等工程教育教师培养的研究和各高校对高等工程教育教师培养的实况，笔者认为本课题研究非常有意义。

第二节 国内外高等工程教育教师的培养现状

一、国外高等工程教育教师的培养现状

德国、美国、加拿大、俄罗斯、英国、日本是世界上工程教育较先进的国家。这6个国家在工程教育教师队伍建设方面各有其特点。

（一）德国高等工程教育教师的培养方法

德国是世界上技术先进、基础雄厚的工业强国。其工业的发达在很大程度上与该国发达的高等工程教育以及拥有一批工程实践经验丰富的教师有关。

1. 教师聘任标准严格

德国高等工程教育以培养工程师为目标，它要求教师同时具备教师和工程师双重身份，教师不但要具有较强的基础研究能力，还应当紧密联系企业，具备更强的实践能力。德国法律对应用技术大学教授聘任条件的规定极其严格：除了高校毕业具有教学才能和科学研究能力外，一般要有博士学位，同时至少要有5年以上的工程实践经验或3年以上的校外工作经验。有的州每4年专门给予教授们一次至少半年的学术假期，以便于他们与企业密切合作，了解行业前沿技术。

2. 教师来源渠道多样化

德国高职院校从整个欧共体所有相关的专业人才中公开选任教师。由获取一定报酬的客座教授和免费义务授课的名誉教授构成的兼职教授队伍，大部分来自企业，是德国高职院校教师的重要组成部分。他们一般占到全体教师的60%以上，并承担超过80%的教学任务。

3. 教育部门积极组织教师培训工作

德国教育部门明确规定在职教师要不断接受继续教育，并成立专门的进修学院，负责在职教师的进修培训。教师在进入教师进修部门之前应先大概了解所要培训的内容，包括一些最新的跨学科知识，然后教师应结合

自身知识的欠缺情况，从培训的三四百个专题中选择适合自己的内容。这一举措充分体现了政府在教师培训方面有很强的服务意识。

4. 企业支持员工到高校担任兼职教师

德国企业积极参与职业教育，不仅为其提供财力支持，同时积极鼓励业务素质好的内部员工到高校担任实训教师，为其提供人力和技术支持。在这个过程中，企业一方面可以宣传自己的产品，另一方面可以选拔优秀毕业生，同时还可以更新技术人员的理论知识和扩大企业影响力。

5. 教师培养的方法

德国工科大学极其重视教授们双师型知识结构的培养。一方面允许知名企业在校内开设办事处，为其推广产品和合作科研提供方便；另一方面鼓励教师到企业挂职，直接参与企业产品设计、开发和评价；同时，还允许教授在不影响教学的前提下创办企业。这样，教师能够获得在学校所不能得到的生产第一线的设计、工艺等知识与经验。

（二）美国高等工程教育教师的培养方法

美国高等工程教育发展过程中，职业教育发展尤为迅速。这主要得益于职业教育教师双元制的培养模式十分完善，它不仅注重教师的职前培养，还注重教师的职后培训，因而有效地提高了教师各方面的能力和素质。

1. 教师聘用体系

教师在所教范围内取得学士以上学位，并对所教技术课（专业课）有1年以上工作经验，或者在合适的技术领域有5年以上实践经验，有当顾问和单独谈判与研究的能力。

2. 教师培养体系

（1）培养目标：针对已经具有教师身份的人员，以教育教学能力为培养目标，它既包括实际教学需要的各个方面，又包括教师根据教学理论和方法设计和实施教学。

（2）培养方式：教师教学能力发展的两种方式为大学教育与工作实践。一方面是以在校的学生为培养对象，另一方面是对初任职的教师进行教学实践、理论培训及工程实践的培养。

（3）培养内容：培养内容是紧密结合教师工作实际，基于教师终身专业发展的整体设计，主要包括大学的理论课程学习和学校的教学实践指导两个基本方面。教师培训采取现场授课和远程视频授课两种方式进行，一方面教师可以在下班后或者假期到就近的职业教师培训点学习完整的培训课程，另一方面，距离较远的教师可以就近采取网上听课的方式接受培训。教师接受培训采取在职不脱岗形式，教师在接受培训的同时不脱离教学岗位，继续承担日常教学工作。通过这个完整的教师培养体系，教师一方面获得了正确的教学观念和教学理论与方法，另一方面锻炼了实际教学技能，教学能力得到了有效的发展。

美国的学校对教师实践活动和校内教学活动同样重视，他们一般都会在招聘之前就强制性要求教师必须参与校外实践活动，否则就将其拒之门外。教师参与校外实践活动的程度和表现也将作为校方教师评价的重要标准。同时，有的学校也会采取设置实践教授岗位的形式，来吸引社会上实践经验丰富的资深高级工程师到校工作，帮助学校的专任教师和学生提升工程实践能力。

3. 递进式教师职业资格证书认证

美国的教师资格证书并不是永久性的，新入行的教师只能获得1个临时资格证书，只有经过4—5年的学习并通过考核后才能获得专业的教师资格证书，而且即使是专业的资格证书也必须每5年接受一次重新鉴定和考核。

4. 行业协会组织培训

许多工程协会还每年为工科教师推出"卓越工程教育"培训计划。该计划为期6天，一般安排在夏季，主要以研讨会、案例教学等方式进行，内容涉及学习模式、沟通技巧、课堂组织、教育技术、教学评估等内容；每位学员还必须运用所学内容进行现场教学，确保提升自己的教学能力。由专业协会来举办类似的培训，可以弥补工科教师就书本谈理论、缺乏实践经验的不足。

（三）加拿大高等工程教育教师的培养方法

加拿大职业教育发展很迅速，教师待遇较好，且非常注重对教师的在职培养，并且很注重教师的企业实际工作经验。

1. 教师聘用标准

（1）社区学院教师聘用标准：必须同时具有中级以上专业职称和5年以上的一线生产经验，并且每年要到企业进行至少4个星期的业务实践。加拿大社区学院的兼职教师，大约占了教师总人数的1/3到1/2，主要是来自工商界。

（2）兼职教师的聘用：实行聘任制。对于真正的实践经验丰富的资深行业专家而言，可以优先聘用，并且不限制学位高低。一般来讲，选聘教师要求具有3年以上的实际工作经验。由于学校的专业设置非常精细，学校不可能正式聘请更多教师，因此行业专家和技术能手，通常要占所有教师的1/2。

2. 教师培训

（1）教育部组织培养。由各省或者各州的教育部组织教师轮流培训的相关事宜。

（2）学校组织培养。各学校的学术委员会负责教师培训。第一，初任教师培训。新入职的教师，要在为期两年的试用期内，接受作为一名教师必备的基本业务知识培训，比如如何备课、采取何种教学方法和手段等。经过两个星期的培训之后，进行试讲，由各系各部门的教师随堂听课，并提供指导，帮助新教师改善其不足之处。听课者和被听课者是一种平等的关系，并没有行政命令的因素包含在内。第二，教师到企业锻炼。各专业的在职教师要以兼职或挂职的形式定期到相关企业中的不同生产部门进行实践。第三，全体培训。对所有的教师开展培训，把社会要求教师掌握的新知识、新的教学方法及手段传授给每一位教师，使他们能及时更新丰富自己的知识面，从而改革教学手段以确保教学质量。

（3）企业组织培训。公司里的骨干人员或管理人员许多是以社区学院董事会成员的身份参与管理学院事务。这样做极大地提高了学校对企业需求的敏感程度。同时，许多院校也聘请企业人员（高级技术人员、能工巧匠、工程师和管理人员）到院校任兼职教师，通过讲座或研讨会的方式，为社区学院的师生介绍行业最新动向和技术更新状况。

3. 教师工资待遇

社区学院和高职高专院校教师到企业参加实践活动的过程中所得的工

资由政府、学校和企业三方共同担负。

（四）俄罗斯高等工程教育教师的培养方法

随着全球化进程的推进，俄罗斯的师资队伍培训进行了一系列国际化改革，高等工程教育教师专业发展标准较高。（1）成立工程师教育培训中心。俄罗斯自1995年起同IGIP（国际工程教育协会）合作，成立了13个遍布全国的工程教育中心。这些工程教育中心的主要任务之一就是负责提高全国技术大学工程教师的专业技能。（2）执行国际通用标准。俄罗斯的工程教育选聘教师严格执行IGIP大纲规定的国际通用标准。规定工程教育教师在上岗前必须完成工程教育中心教学大纲规定的课程。（3）积极参与国际学术交流。俄罗斯积极组织工程教师参加IGIP组织的每年一次的国际工程教育研讨会，推动本国工程教育的国际化。

（五）英国皇家工程学院"访问教授计划"

英国的高等工程教育发展很迅速，高等工科院校都根据高等工程教育教师的特性制订教师的在职培养和继续教育计划，英国皇家理工学院就是一个很好的例子。"访问教授计划"是基于实践教学的理念制订的，从1989年开始实行。通过制订"访问教授计划"意在倡导工程科学技术由企业向高校进行转化，目的是加强高校和企业的紧密联系，同时增加教师给学生授课的生动性，使学生把理论知识和实践知识相结合，增加灵活性。具体的内容是：学校一方面聘请企业高级工程师作为访问教授，用最新的产业技术和实践训练来提高英国工科教师的工程实践能力，另一方面定期组织访问教授参与学术会议，邀请企业专业技术人士与青年工程师进行实践经验交流。

（六）日本的教师资格许可证制度

日本实行教师资格许可证制度。要在工科大学担任教授，必须具备一定的条件。首先，高等工程教育教师必须获得博士学位；其次，高等工程教育教师必须具有本领域内精湛的技术，且被确认为优秀成绩者；再次，高等工程教育教师要有扎实的教育教学经验，掌握先进的创新教学组织形式、教学内容、教学手段和教学技术等；最后，教师必须具有企业工作经验。

二、国内高等工程教育教师的培养现状

通过分析国内同济大学、哈尔滨理工大学、沈阳理工大学等多所不同层次的高校对高等工程教育教师的培养方法，发现我国高等工程教育教师培养大部分是针对教师的岗前和在职进行培养，具体特点如下：

（1）严格的遴选标准。

（2）多元化教师培养渠道。

（3）通过校企产学研合作，提高教师工程实践能力、教育教学知识等。

第一，校企合作培养。通过选派中青年教师到企业或者已有的实训基地进行工程实践培训，承担和参与企业实际工程项目或研发项目，促进科研成果向生产力的转化，并将这些在生产实际中获得的经验和知识带到课堂，融入专业教学，提高教师发现和解决工程实际问题的能力，积累实际工作经验。另外，校企联合开办教师培训班，讲授教学基本理论、要求和师德等内容。

第二，校本培养。青年教师在经验丰富的老教师的指导下，通过观摩、试讲，掌握工程教育教学规律，熟悉教学内容，树立先进的教学理念，创新教学方法和教学手段，培养教师教育教学能力、实践教学能力和师德等。

第三，国外培养。选送中青年骨干教师到国外知名企业、科研院所学习和交流，了解国外产业界先进的产品设计和开发技术、科研成果，拓展其国际视野，增加其国际化经验。

（4）对教师进行国际化培养。

（5）高校制定专兼职教师的评聘和考核制度。

（6）高校完善管理和激励的政策。

（7）为高等工程教育教师培养提供经费保障。

第三节　高等工程教育教师培养存在的问题及原因分析

当今时代,高等工程教育的快速发展使得高等工程教育教师的培养显得尤为重要,高等工程教育教师培养已经成为各院校极为重视的一项工作,成为学校坚持不懈抓好的"一号工程"。但在现实中,高等工程教育教师培养存在着一些亟待解决的问题。比如:知识结构不完整、工程实践能力欠缺、创新能力不足、社会适应能力弱、师德有待加强等。查建中对目前高等工程教育教师的现状表示担忧。他提出:"教师既没有工程实践经验,也不具有工程师资质,那么教工程专业的人不是工程师,这样的师资如何能培养出产业所需要的人才、培养出真正的工程师?"

一、高等工程教育教师培养存在的问题

高等工程教育教师缺乏工程实践能力和创新能力,对高等工程教育思想缺乏系统的研究和足够的重视,轻视社会适应能力的培养和道德品质的修炼,影响着工程技术人才的培养质量。

(一)知识结构不完整

我国重理论轻实践的高等工程教育模式造成高等工程教育教师的知识结构单一,且与实践经验相脱离。具体表现在以下几点:

(1)大部分高等工程教育教师视野比较狭窄,不注重学习和了解相关专业知识,仅仅专注于自己一直所从事的专业。如计算机、外语和人文学科方面的知识底子十分薄弱,不能很好地满足教学、科研的需要。

(2)随着时代的发展,教师已有的专业知识、教育科学理论知识和教学实践知识已慢慢老化。一些教师在工程技术研究中,对某些与产业界联系不大的项目进行闭门造车,最后导致科研项目在走出实验室之前就已经胎死腹中。不少工科学生反映教师不了解产业界的真实需求,在授课时主

要依赖书本知识，采用照本宣科的死板教法，一味偏重理论方面的讲授，不能引用实际工程实践的生动案例，无法激发学生的学习兴趣。讲授的有些工程技术理论上可行，但由于工序复杂、应用成本高等原因，工程现场早已弃之不用。在指导学生实验、实习或毕业设计时，不会正确地使用实验仪器和设备，难以解答学生提出的工程实际问题，降低实践教学的难度，减少实践教学环节，无法保证达到预期的教学效果。可以说理论知识与实践经验脱离是高等工程教育教师培养存在的严重问题之一。

（二）工程实践能力欠缺

丰富的工程实践经历是从事卓越工程师培养工作的工科教师必须具备的背景。目前，我国大多数高等工程教育教师学历、学位虽然很高，且具备较扎实的专业理论基础和科研能力，但缺乏机会和渠道深入实践进行锻炼，造成应用实践能力、设计操作能力、专业运用能力和工程综合能力等比较薄弱。即使有些教师具有一定的实践经历，这些实践经历也仅局限于国内的企业中获得，而非国际性的。查建中教授调查发现，在最需要产业经验的工科大学教师中，80%—90%都是具有较高的学历但是缺乏产业界工程实践经验的人员。照此下去，缺乏工程实践能力的教师培养出的学生同样缺乏工程实践能力，就会形成一个恶性循环。

（三）创新能力不足

提到"创新"一词，我们总与伟大人物联系起来，认为创新是指为整个社会、整个人类文明带来变革的新质因素的产生，即通常所言的创造、发明与革新，但这是对创新的狭义理解。其实，高等工程教育教师的创新能力应包括专业知识的创新和教育教学能力的创新。高等工程教育教师应具有强烈的创新意识和敏捷的创新思维，但是我国传统的教育模式严重地束缚了教师的创新意识和创新思维。一方面致使教师对基础知识、专业知识、专业技术知识、教育理念、教育方法、教学手段和教学内容等方面知识的创新动力不足，另一方面由于教师讲授知识时仅停留在书本上或者基于既得经验，因循守旧，教师的创新思维受到限制，所积累的知识也难以支撑其进行创新。

（四）社会适应能力弱

目前，一些高等工程教育教师终身学习能力薄弱，部分教师喜欢孤身埋头研究，与人沟通的能力不足，环境适应能力差，也无法让其他教师准确地理解自己的思想。然而，现代企业工程项目和技术的运作与开发是一项系统工程，不是单个人能够独立完成的，需要一个强大的团队共同努力。这种社会适应能力薄弱的现象，将严重阻碍知识与技能的传授。

（五）师德有待加强

"学为人师，行为示范。"自古以来，教师都是具有教育智慧的学者，人格修养的楷模。教师的职责应是教书和育人，它不仅要重视言传，还要重视身教。师德是对教师的最基本要求。这个问题对高等工程教育教师而言尤其重要。当前，越来越多的年轻教师进入高等工科院校，他们给学校带来了青春活力，在教学、科研方面获得了一些成果。但是这些教师大多是走出校门又进校门，在上岗前也没有接受过专门系统的培训，对教师的职业道德、职业角色、育人责任、社会责任认识不够深刻，在某种程度上，也影响着人才培养的质量。

二、高等工程教育教师培养存在问题的原因分析

（一）高等工程教育教师的特征规格界定不清

高等工程教育教师既要具有从事工科专业教学的素质和水平，又要有在企业相关专业岗位工作的经验，并能从事专业实践教学。但目前学界及相关管理部门对高等工程教育教师的特征规格界定仍然不清，没有突出强调高等工程教育教师应具备工程教育教学能力和工程实践能力的双重特征规格。

（二）高等工程教育教师来源渠道单一

高等工程院校引进人才的主要渠道就是选留毕业于本校本专业的硕士和博士研究生，而直接从企业、行业部门引进具有丰富实践工程经历的人才比例很小。这种"近亲繁殖"的选聘方式使得教师的来源越来越单一，学缘结构越来越不合理，使得整个教师队伍的学术视野狭窄、思想观念封

闭，不利于形成良好、开放、自由的学术氛围，不利于教师的成长和发展，影响人才培养的质量。

另外，我国高校传统的教师遴选标准看重其理论水平，而轻视其工程实践能力，一方面导致实践能力强而学历较低的人才无法被遴选入校任教，另一方面导致一些虽具有丰富实践经验但不满足传统的聘用标准的杰出工程师、高级技术人员难以融入高等工科学校的教师队伍，这些情况严重束缚了我国高等工程教育多样性和实践性的发展。

（三）高等工程教育教师培养机构不健全

我国现有培养教师的专门机构主要是师范类高校，其主要为基础教育培养教师，而专门为高等工程教育培养教师的机构几乎没有。虽然师范院校中也会建立非师范专业，但非师范专业的学生不修与教学相关的如教育学和心理学方面的课程。即使高等工程教育教师到高校后会接受相应的岗前培训，但由于大部分高校的青年教师在工作的第一学期就承担了一定量的教学任务，接受培训的时间缩短，致使岗前培训流于形式，并没有起到预期的效果。由此产生的结果就是，师范专业培养出来的教师很难胜任工科院校的教学工作，而从工科院校毕业直接到工科任教的教师又缺乏基本的教学及教学研究能力。

（四）高等工程教育教师校企产学研合作培养机制不灵活

从理论上讲，教师下企业为其科技创新注入了新鲜的血液，企业应该很乐意为高校提供先进的生产设备、资金支持和培养教师实践能力的实训基地和联合培养人才基地。但在实际实施过程中，校企双方并没有建立密切的合作关系，产学研结合的模式没有形成一定规模。校企之间即使有少数合作，也未完全落实在制度层面，形成长久有效、系统全面的教师培养机制。

首先，部分青年教师刚进校任教就承担繁重的教学任务，他们把大部分精力放在学术研究上，根本顾不上参与企业的工程实践。即便有教师到企业进行工程实践锻炼，持续时间也较短，无法在短时间内为企业解决一些技术上的难题。其次，学校也没有为教师到企业、科研单位参与生产实践和科技开发提供充足的经费，教师接受培训的时间更无法保障。再次，国家缺少对企业参与校企合作的激励和支持机制。最后，校企合作培养教师缺少行业组织的监督和引导。究其原因，大部分企业和学校之间缺少利益互补的联系，没有建立一套切实有效的管理运行机制。

总之，诸多问题致使我国高校与企业界在教师培养层面的合作较少，更何谈建立高等工程教育教师培养机制。

（五）高等工程教育教师培养质量评价体系不完善

我国高等工程教育教师在取得教师资格证书以后，除了一部分接受学历教育以外，一般很少接受在职培训。近年来，我国虽然启动了继续教育工程，但是大多数教师并没有认识到继续教育的重要性，没有真正体验到继续教育的实效性。各高校对教师的培养教育，缺乏科学的方案和行之有效的制度，缺乏对教师职前、入职、在职教育的全程规划设计，没有建立起教师教育各个阶段相互衔接的既各有侧重、又有内在联系的体系。我国有相对完整的高等工程教育教师人才培养质量评价体系，但专门针对高等工程教育教师培养质量的评价体系并不完善。

第四节 高等工程教育教师的特征规格

根据我国高等工程教育教师培养的发展趋势和我国工业化发展的实际要求，高等工程教育教师除了必须具备大学教师的基本素质外，还应具备基本的行业企业工程师拥有的专业素质。"大学教师+'准工程师'=工程教育教师"的模式应该作为对高等工程教育教师的总体要求。具体而言，高等工程教育教师的特征规格核心素质包括：专业知识、工程实践能力、创新意识及创新能力；拓展素质包括：社会适应能力、道德品质、身心素质。

一、多维知识结构

工程问题的创新性解决往往交织着科技、经济、环境、实用、文化等多种复杂因素，高等工程教育教师的知识结构应为"T"字形结构，在精通专业知识的同时，具有宽广的多学科交叉的知识结构。

（一）专业知识

专业知识主要由基础知识、专业基础和专业技术3个方面构成。

1. 基础知识

教师应掌握扎实的自然科学知识，包括数学、物理、化学、生物、天文、地理和地质、力学、应用科学等基础学科知识。

2. 专业基础

教师应掌握与本专业学科及相关学科所必需的物理、化学基础及一定的系统论、方法论知识、工程基础知识、工程科学原理、应用型技术理论和技术知识等本专业基础知识。具体包括：熟悉新材料、新工艺、新技术、新设备、先进制造系统、相关技术标准、行业规范与法律条文等。

3. 专业技术

教师应掌握本专业领域的工程技术和整个工程项目所涉及的技术，并了解其标准、政策和相关法律法规，掌握现代科学技术前沿知识，具体包括：科技创新（原创）的知识、集成创新的知识、产品创新设计的知识和市场开发与管理的相关知识等。另外，教师还应了解与本专业领域相关的战略性新兴交叉学科知识。

总之，高等工程教育的主要内容是由自然科学知识和工程科学知识构成，它们的比例分别为30%和50%。

（二）人文社会科学

人文社会科学知识包括文史、哲学、经济学、管理学、市场营销、法律学、环境保护和科学等。

1. 文史知识

它包括中国传统文化、历史和世界文化、工程文化知识。教师具备深厚的文化素养不仅能提高自身人文素养，还可以拓展自己的思维方式，学会从多角度看待问题，同时多学科知识的多维交叉更有利于发现创新点，获得创造性的成果。

2. 哲学知识

它包括马克思、列宁、毛泽东思想的基本观点和方法、自然辩证法、科学方法论的主要观点和方法等。这将有利于教师在科研、教学过程中选择恰当合理的方向和方法。

3. 管理学知识

它包括项目管理、人事管理、企业管理等。这有助于教师合理管理自己的整个教学过程，并学会如何用最小的投入换取最大的产出。

（三）工具性知识

工具性知识是帮助人们解决现实生活中或者专业领域内的实际问题的知识。在高等工程教育领域中，外语和计算机知识是教师进行教学、科研所必需的最基本的工具性知识，能够帮助教师搜索到国内外对本专业研究的最新成果。

英语是国际通用语言，教师首先应掌握英语知识，除此之外，还应熟悉一门其他国家的语言知识。应具有扎实的语言基础，掌握良好的语言学习方法，具有较强的听、说、读、写、译能力，能够进行顺畅的沟通交流。教师还应熟悉各类计算机应用软件、至少一种高级语言，同时掌握计算机网络的基本知识，具有使用和管理计算机的能力。

（四）教育科学理论知识

高等工程教育教师的特性决定了教师应兼具教育学、心理学知识和实践教学的知识。

1. 教育学知识

高等教育学知识包括：教育思想、教育理念、教学方法、教学手段、教学组织形式等。教育理念：教师应树立学生为中心，创新为核心的教育理念，充分挖掘学生的潜能，引导学生学习由被动向主动转变，激发学生的实践能力、创新意识和创新精神。教学方法：教师应采用研究性的教学方法，通过案例教学、情景教学或解决策略教学法，将工程中的实际问题与理论学习结合，既注重知识传授，又注重动手能力的培养，使学生在各方面都获得进步。教学手段：教师不仅应掌握经典的教学手段，如课堂演示、课后实验、结业实习，还应掌握现代化的教学手段，如录像、多媒体、模拟教学、远程教育、网上教育等电化教学手段。教学组织：教师应能够根据教学内容的难易程度和每个大学生的情况，有选择地采用个别教学、班级授课、分组教学、现场教学的组织形式，有效地从事教学活动，使学生更好地理解所学知识。

2. 教育心理学知识

教师主要应掌握大学生心理学，如大学生身心发展的特点和个性、品德形成的一般规律以及如何根据这些特点和规律教育学生。

3. 教学相关知识

教师应具有结合企业的生产实际自己动手制作实验教具的知识；编写实训教材及指导书的知识；建立与实践教学各个环节相适应的课程体系知识。

（五）教学实践知识

教师的实践性知识也即我们通常所说的教学经验，是指教师为实现特定的教学目的所必备的掌控课堂节奏等的一系列相关知识。教师在实践教学过程中，应该掌握和预测学生在实践过程中遇到的问题，并对学生的心理和思想状态进行分析，最后确定自己在不同的教学情境中应作出的反应。教师还要注重学科教学法知识。教师根据学科的特点，运用特殊的教学方法和手段，对具体内容进行设计和实施。其中，教学经验丰富的教师对学生实践中可能遇到的难点会做初步预测，在实践过程中将难点分散，在学生可能操作不好的地方加以详解，从而降低学生学习和实践的难度。

另外，教师应能够运用工程原理和技术进行实验教学，指导学生完成来自企业的工程项目，提高学生的实践能力。

二、工程实践能力

工程实践能力包括理论应用实践能力、设计操作能力、专业运用能力和工程综合能力四个方面。

（一）理论应用实践能力

根据高等工程教育实践性和创新性强的特点，教师要能够理解专业基本概念、基本理论，并能有效运用于实践；具有发现实际的工程问题并进行有效探索和实验，通过知识的具体应用，使专业知识变为专业技能的能力。

（二）设计操作能力

教师应利用现代的工程设计理念和先进工程设计开发方法及技术手段，结合所学专业知识对获取的信息和资源进行有效的实验、分析和解释，提出假设、独立主持和承担复杂工程项目的设计或按照市场需要开发新产品。同时，教师应熟悉本专业领域新的工艺设备材料、先进制造系统和工程技术，能够操作本专业领域的基础设备。

（三）专业运用能力

专业运用能力是指高等工程教育教师运用基础知识、专业知识和相关专业知识，为产业界解决工程实践问题的能力。这有利于教师灵活运用专业知识解决工程实际中难以攻克的技术。

（四）工程综合能力

完成一个现代技术研究、工业产品或者工程项目时要综合考虑多方面因素，不能仅仅从工程技术角度来考虑，还应从该技术对经济、社会、环境、法律和政策等方面造成的影响来考虑。教师应能够处理好工业产品或项目与社会环境保护、生态平衡保持的关系，使其达到技术与实际的完美结合。

三、创新意识与创新能力

高等工程教育教师的创新能力主要由教学创新能力、知识创新能力和技术创新能力组成。

（一）教学创新能力

教学创新能力突出了教学过程中的高效性、求异性和新颖性。它是指教师在教学过程中，制定新的教学目标和教学方案，运用新的教学观念、教学方法，如案例教学法、情景教学法等，把教学学术与工程科技成果结合起来，引导学生自觉注重把理论问题与现场实际相结合，加深对工程科学的理解和运用。

（二）知识创新能力

知识创新能力是指运用科学研究（基础研究和应用研究）的方法对基础科学、技术应用与开发科学进行创新并取得优秀的技术创新成果的过程。教师的知识结构具有复合性和学科交叉性，能够通过强烈的创新意识、创新内驱力、科学的价值观、优秀的创新品质和个性，以及新颖独特的创造思维，在原有知识的基础上创造新的理论知识。

（三）技术创新能力

教师要具备技术创新能力，首先应具备创新意识。善思、善问、勤奋、坚韧，勇于探索，对创新活动有热情、有信心，勇往直前。其次应具备创新思维。有一定的抽象思维、形象思维和逻辑思维能力，善于进行独创，发现新问题、研究新情况、提出新观点。

四、社会责任感

社会责任感包括工作与专业态度。高等工程教育教师应具备现代工程意识、人与自然和谐共处的环境意识和良好的安全和服务意识，树立可持续发展的大协调观。

首先，良好的工程安全、环境、职业健康等现代工程意识和伦理道德，需要教师有坚定的政治信仰，诚信守法，脚踏实地，勇于承担责任和风险。ECPD在修订的章程中指出：工程师在做工程项目时，应当首先考虑的是公民的身心健康、安全和福祉。其次，教师要有为国家、社会和人民服务的意识，遵守社会公德和职业道德，并把此作为自己应尽的责任。最后，教师要具备强烈的开拓意识、敢于冒险的创新精神、主动从事科技创新的意识和开阔的视野。

五、社会适应能力

社会适应能力是指高等工程教育教师所应具备的适应工作岗位和社会环境的各种能力，包括以下5个方面：

（一）终身学习能力

教师的终身学习不仅包括学习并更新本学科的专业知识，而且还包括补充相关学科的"边缘知识"。教师应具有主动学习的意识；勤学、多思、善问的学习品质；善于运用学习策略的能力；利用网络、书籍、与他人交流中学习知识技术的能力。

（二）职业规划意识

教师应对自己的能力、性格、职业倾向做全面的了解，掌握一定的职业规划技巧，准确定位自己，并在此基础上，对自己的职业生涯有长远规划。教师有了长远的规划，在从事教学、科研过程中，目标性、方向性会更加明确，有利于教师自身素质的不断提高。

（三）团队协作精神

团队协作精神是指建立在团队基础之上，每一个教学团队里的团队成员都发挥个体最大优势，共同合作，完成目标。对于每一个教学团队里的成员来说，应该意识到团队协作的重要性，在不断增强个人能力的同时培养与其他团队成员协调沟通的能力，既要维持团队凝聚力又要保持自己的独立思维能力。在高等工程教育教师的教学过程中，单靠一个人的力量是远远不够的，这就需要一个强大的教师合作团队共同合作，研讨最新的教学方法、教学内容、教学组织形式等，以确保学生的能力和素质得到提高。

（四）时间管理能力

一个人不可能只做一件事情，这就需要对整体工作进行具体规划，分清问题的主次和缓急，合理分配工作时间，提高工作效率。高等工程教育教师时间管理能力是指在实际工作中教师管理教与学时间的能力，能在高质量完成教学工作的同时，保证充足的时间进行充电学习。

（五）表达和沟通能力

教师不仅应具备广博的专业知识，还要能够科学育人，这就要求教师要具有优美的教学语言能力、清晰流畅的表达和沟通能力。

1. 教学语言能力

教师的语言要精准规范，富有严谨性；语调抑扬顿挫，富有感染力；逻辑思维清晰，富有条理性；答疑深入浅出，富有启发性。

2. 表达和沟通能力

清晰流畅的表达既是教师保持团队有效沟通的必要条件，也是表现自我、展示研究成果的必备条件。教师应掌握准确表达自己的语言技巧、基本的写作技巧、与他人进行有效沟通的技巧，具体包括口头表达能力和书面表达能力。口头表达能力是指高等工程教育教师准确清晰地传授知识的能力和实践操作中演示讲解的能力；书面表达能力是指高等工程教育教师通过写作科研论文、教研论文表达的能力等。

（六）道德品质与身心素质

高等工程教育教师的特性决定了其既应具有教师共同遵守的职业道德，又应具有工程师应遵守的职业道德。同时，只有教师具备健康的身心素质，才能保障教育教学工作的顺利开展。

1. 道德品质

高等工程教育教师应将教书育人看作一项伟大的事业，增强教书育人的责任感和使命感，积极投身于高等工程教育的实际工作中。在教书育人时应遵循教育规律，根据学生的不同情况进行教学。同时，高等工程教育教师应对他们的行为、品德进行多方教育，以自己的人格魅力和学识魅力影响学生，尊重学生人格，关爱学生，对学生严慈相济，做学生的良师益友，引导学生朝着正确的方向健康成长。

2. 身心素质

要求高等工程教育教师具有健全的体魄、旺盛的精力、健康的心理素质、高尚的精神风貌和良好的情感素质，具有积极向上、乐观、大度、灵活、坦荡的品质，具有较强的意志力，具有攻坚克难的耐力，具有"止于至善"的卓越追求和承受挫折的能力，能在竞争中保持良好心态。

第五节 高等工程教育教师培养体系构架

基于高等工程教育教师特征规格的分析，高等工程教育要构建以校企产学研为主要培养途径，由高等工程教育教师遴选、专业知识培养、教学基本功历练、工程实践能力培养等四个方面组成的高等工程教育教师培养体系。

一、高等工程教育教师多元化的遴选体系

高等工程院校要把遴选教师的来源扩大到高等学校以外的工业企业以及科学研究单位。

（一）遴选原则

1. 科学性

高校应建立校内专职教师与企业兼职教师相结合的高水平的高等工程教育师资队伍。高等工程教育教师的遴选标准应多元、科学，具体包括高等工程教育教师知识、能力和素质结构、教师队伍结构、教师职称结构和教师人才储备结构等方面。同时，专兼职教师的数量比例也应科学合理，一般以50%左右为最佳。院校在学科专业建设初期，兼职教师的比例可以适当大一些，随着学科专业的成熟，专职教师的比例可逐步加大，但保持一定比例的兼职教师（50%左右）是必要的。

2. 开放性

高校在遴选高等工程教育教师时，应面向国内外的企业、行业、社会和科学研究单位的优秀高级工程技术人员、工程师和高层管理人员等，通过现场招聘会和在人才招聘网络平台上发布招聘信息等方式，多方了解人才信息，遴选符合标准的国内外高等工程教育教师。

（二）遴选形式

1. 专职与兼职结合

校内专职教师是面向国内知名高校和科研院所大力引进工程实践能力突出的博士、高级技术人员和高层管理人员。具体而言包括：具有工程背景且从企业博士后工作站出站的博士后、毕业后具有至少2年企业工作经验的国内外著名高校的工程专业博士、拥有工程师专业资格证的人员、具有海外工程经历的工程博士或工科留学人员、具有卓越工程能力的企业高级工程技术人员和高层管理人员。企业兼职教师实行聘任制。在对其聘任之前，高校应取得其所在企业的支持，之后才能正式聘请企业工程领域、社会和行业领域有成就和影响力的专家和高层管理人员，特别是具有博士学位或具有副高以上（包括副高）专业技术职称的专家，邀请他们参与人才

培养全过程，参加高校学生专业课程教学、毕业设计、企业实践训练等。他们的聘期分别为4年、2—3年和3年，即根据培养人才的学制制定聘期。

2. 长期与短期结合

对于校内专职教师而言，若符合遴选标准，高校应与其签订长期聘用合同。对于校外兼职教师而言，高校应根据其在企业、行业的工作需要，来确定其在高校任教的时间。因此，校外兼职教师在校任教可以是短期的，也可以是长期的行为。

针对兼职教师流动性强的问题，高校应储备更多数量的专职教师以备不时之需。储备的教师应主要针对希望进入高校教师队伍的不具备高级专业技术职务的应届优秀博士生。对于这些优秀博士生，高校应先纳入师资博士后科研工作站进行培养，经过两年研究工作，出站考核合格，并经双向选择后才能正式聘为教师。

（三）遴选标准

高等工科院校在遴选中青年教师时，一方面应注重其教学基本功和品德素质，另一方面要注重其工程实践经验和工程能力。

1. 专职教师遴选

总体要求：具有高尚的道德情操和健全的人格魅力，治学严谨，懂得高等教育教学的基本规律，具有较高的科学研究水平和学术造诣，具有很强的工程设计能力和工程研发能力。

具体标准：（1）学历要求，一般应具有硕士以上学位；（2）应取得国家规定的高校教师资格证；（3）应取得相应的行业任职资格证；（4）应具有至少1年以上的企业、设计院、研究所工作实践经历。

2. 兼职教师遴选

总体要求：具有相关专业资格证书，丰富的实践经验、较强的工程能力、较好的语言表达和交流沟通能力，懂得教育科学。

具体标准：（1）企业授课教师：具有扎实的理论知识和教育教学能力，在专业相关的企业工作5年以上，具备基本的技术表达能力，有过授课或讲座报告的经历，经验丰富且有中级以上职称的技术和管理骨干；（2）企业实习指导教师：应以生产一线，工程能力强且承担过工程产品或技术生产、开发、设计和创新工作的高级工程师为主；（3）企业毕业设计指导教师：应是责任心强、工程经验丰富，具有扎实的理论知识和教育教学能力、较为深厚宽广的工程实践背景，具有大学本科以上学历的高级工程师或企业中高层领导。

（四）试用期及考核

在上岗之前，高校应对遴选出的专职教师进行知识、能力和素质等各方面的再次全面评估，找到他们的弱项，并结合他们将要承担的教学工作，确定每位教师需要培养的内容，然后制订出具体的培养计划并予以严格落实。

根据每位专职教师的具体情况，要求其岗前接受至少一年半的培训。该岗前培训和锻炼总体按1+0.5模式推行，即在1年内有担任3个本专业教授的助教、参加教师培训活动，半年（0.5）到工厂、企业或大型工地进行工程实践。参加的岗前培训课程包括师德教育、成才教育、教学基本规范、现代教育技术、图书资料使用、说课与备课、教师礼仪等。通过岗前培训的考核或测试，才能担任专业课程的主讲教师。若未能顺利通过考核，该教师不能独立承担教学工作，需要继续学习，直到通过岗前培训考核。

高校应充分了解已遴选出的企业兼职教师的具体情况，并对其进行评价。如，教学基本功是否扎实、专业理论知识是否系统、取得的专业技术水平等。经考查合格后，高校才应与其签订长期或短期的聘任合同，并颁发聘书。同时，聘书中写明该教师的权利和义务、工作范围和工资待遇等具体事项。最后要为教师建立个人工作档案。

二、高等工程教育教师专业知识的培养

如前所述，高等工程教育教师的知识结构包括本专业知识、计算机、外语、现代化教育技术之类的工具性知识、科学、文学艺术、历史之类的人文社会科学知识、高等教育学和心理学之类的教育科学理论知识和实践教学知识等。教育科学理论知识前文已详述，此处主要探讨教师知识结构中本专业知识、人文知识、工具性知识、实践知识的培养。

（一）培养目标

具备扎实的基础知识、专业知识和专业技术知识；具备广博的人文社会科学知识；具备灵活的实践教学知识；熟练运用英语和计算机之类的工具性知识。

（二）培养场所

校内培养场所包括高校自身、教师发展中心、教师研究中心等。校外培养场所包括国内外校企联合培养基地、科研院所和设计院等。

（三）培养途径

无论是校内的专职教师还是校外聘请的兼职教师，在任教期间都应注重不断更新和提高自身已有的知识和能力。

1. 校本培养

第一，在"教师发展中心""教师研究中心"开设的高等工程教育教师培训课程中，应开设有关科技创新、集成创新、产品创新设计和市场开发与管理的相关课程和创新思维、创新方法（TRIZ理论、思维导图法、头脑风暴法、六项思考帽等）的课程，通过讲座、研讨会的方式，培训教师的创新意识和创新能力。

第二，高校院系下设的具有为企业设计开发项目专业资质的设计院也可以承担教师能力培养的职能。新教师在经验丰富的老教师的带领下，参与设计任务，在实践中提升工程设计开发能力。

第三，在学校的组织与领导下，各院系建立合作联盟，共同组建多个学术交流团队，并指定负责人，以兴趣为基础，组织教师参加定期举行的学术沙龙、交流讨论等，便于教师参与并了解各学科领域最新发展趋势，启迪教师的创新思维。

第四，要求高等工程教育教师每学期阅读两本以上自己感兴趣的人文社会科学类书籍，并写出相应的读书笔记。诸如世界历史、美学艺术、世界文学、名著鉴赏等。

第五，对于教师到图书馆查阅资料的次数予以硬性要求。

第六，要求高等工程教育教师多开展双语教学。教师每学期必须旁听5节以上专业知识面宽、教学经验丰富、英文水平较好的教授的课。教师应先随堂听课，然后根据主讲教授的教案讲授其中部分章节，最后由主讲教授进行评价和指导。高校领导随堂检查高等工程教育教师双语教学的情况，并记录在教师的工作档案中，以便考核之用。

第七，要求高等工程教育教师多运用现代技术手段，开展计算机教学。高校领导随堂检查高等工程教育教师计算机教学的情况，并记录在教师的工作档案中，以便考核之用。

第八，指导学生实践时，对于学生出现的问题加以记录，实践完成后总结归纳，在校企定期召开的研讨会上，提出实践教学过程中存在的疑问，全体教师对此加以讨论。

第九，要求高等工程教育教师每年至少要做出两项小发明，并指导学生做出一项小发明。

2. 校外培养

第一，教师到企业生产一线部门直接参与项目和产品的设计开发工作，从而积累工程实践经验，提高工程设计开发能力。

第二，教师到具有专业技术研究部门的企业、学校和研究院联合成立的专业技术研究机构或者独立的科研院所中，参与行业尖精技术的研发，了解行业技术最新动态，同时训练技术创新能力。

第三，教师除了到本研究领域所在的基地实践外，他们还应到其他相关学科领域所在的基地观摩学习，参加其中的多学科项目研究。

三、高等工程教育教师教学基本功的培养

（一）培养目标

具备扎实的教育科学理论知识和实践教学知识；具有较强的教学创新能力；具有较强的终身学习能力、职业规划意识、团队协作精神、时间管理能力和表达沟通能力；具有高尚的社会责任感和育人责任感；具有良好的身心素质。

（二）培养场所

校内培养场所包括高校自身、教师发展中心、教学研究中心等；校外

培养场所包括层次较高的高等工科院校和高等师范院校、国内外校企联合培养基地、科研院所和设计院等。

（三）培养途径

1. 校本培养

第一，高校内部应成立由专兼职教师组成的高等工程教育教学团队。团队内新专兼职教师在有经验的老专兼职教师带领、帮助和指导下，观摩老教师的课堂和教案，互相交流教学心得，研讨教学内容和方法，多次试讲不同章节的课程，取长补短，这样专职教师的工程能力和兼职教师的教学能力都能得到提高。老教师应从教学方法是否利用案例教学法、情境教学法、研究性教学法等，教学内容是否密切联系工程实际问题、是否熟练运用计算机或者双语进行教学等方面对新教师进行指导和评价。

第二，高校内成立教师发展中心或教学研究中心。其主要任务是以教师的师德素养为培养基础，以实践教学所需的新型教学模式、方法、内容的推介为工作重心，以教育科学理论创新能力的提高为最高目标，以教育理论专题讲座、学术报告会、课题研究、课程研习班、分散听课、课程示范、教学个性问题咨询等形式，体现实用性、分享性、体验性的特点，促进专兼职教师之间的交流与互补，使其树立科学的教育教学观。对于兼职教师而言，培训时间应较灵活，长期、中期、短期相结合。教师要让他们了解高校相关的管理制度，配合学校的各项工作。对于教师发展中心和教学研究中心的管理，初期应以学术、研究、交流经验为主导，尽量少地进行行政指导检查，资金上可能需要少量的支持；当发展中心逐渐发展需要进行教师的检查、考核以及建立奖惩机制后，行政部门应与发展中心逐步合作，但依然以发展中心为主导。

教师发展中心的培养过程应如下：首先，由学术专家、老教师与教育理论研究者共同研究讨论不同学科有效教学模式、学生培养模式和培养目标。然后，开展讲座、竞赛和试讲等活动，最后，考查学生素质与课堂实际教学质量，从过程和结果两个方面考核教师的培养情况并将结果备案，以促进高校教师教育理论与教学手段的不断创新和提高。

2. 校外培养

第一，组织教师到本区域或者其他区域内更高层次的高校进修学习，通过借鉴国内外其他高校先进的教育教学理念、教学方法、教学手段和教学组织形式等，提高教师的教学基本功。

第二，鼓励高等工程教育教师到工科专业较强且有工程教育学系的，或者到在一级学科教育学之下设立二级学科（工程教育学）的高等工科院校或高等师范院校接受培训，学习教育科学理论知识和实践教学知识，不断提高自身的道德修养，养成终身学习的习惯，增强团队协作精神和职业规划意识，把握好教与学的时间分配问题，锻炼表达和沟通能力，强化高等工程教育教师教育的师范性。

第三，国外培养。结合学术假制度，把具备创造性潜能的中青年教师送到国外或国内著名大学交流学习，了解别人的先进经验，再结合自身实际进行创新教学和科研。

第四，校企联合培养。教师通过前往所从事专业相近的行业企业单位进行实践性学习，得到学科发展的最新动向、企业行业最新的技术成果、社会对人才的需求信息等，及时地对自己的教学内容、教学方法、教学手段等方面进行改革，调整和充实实践教育教学内容。对有条件的教师，应鼓励他们直接与科研和生产部门相结合，多出科研成果，以科研促教学。

四、高等工程教育教师实践能力的培养

（一）培养目标

具备强烈的创新意识和敏捷的创新思维；具备较强的知识创新能力；具备较强的理论应用实践能力、设计操作能力、专业运用能力和工程综合能力。

（二）培养场所

校内培养场所包括高校自身的实验室，高校与科研院所或企业联办的校内工厂或公司等；校外培养场所包括层次较高的高等工科院校和高等师范院校、高校与科研院所或企业联办的校外开发中心或联合实验室、国内

外校企联合培养基地、科研院所和设计院等。

(三) 培养途径

1. 校本培养

第一，教师除了每学年要完成学校规定的教学工作量外，还必须利用自身专业优势，加入校内实践基地的建设，完成一定的实验室和校内工厂或公司的工作量。

第二，面向社会、行业和企业聘请国内外企业高级技术人员、技师，大型国有、外资、合资企业及创新型民营企业高管，海外学者进校任兼职教师或客座教授。兼职教师需要征得所在企业的认可和支持，才能到校任教。其所做工作如下：为学生讲授一定课时的工程色彩强的课程和在学生实验、工程实训方面给予详细的辅导。兼职教授或客座教授到学院访问时，要求至少为学院师生做两场企业管理、团队精神方面的讲座、报告，内容包括新技术应用的报告、市场分析报告、科技创新的成果推广等，把国外企业的生产、经营、管理等方面的最新动态及时地传输给缺乏实践经验的教师；负责校内培养基地建设和教师的部分培训工作，通过教学活动，带动校内专职教师能力的提高。

特别注意，对引进的兼职教师，高校要安排灵活的教学计划，给予其教育教学方面的指导，充分利用丰富的校内教育教学资源，并给他们配备助手，一方面方便教师和学校的联系，另一方面以免其在企业的本职工作与在校内的兼职工作相冲突，影响校企双方密切合作。

总体来讲，教师在校内实训基地的实践锻炼可以在不影响企业生产的情况下进行，比进入企业实践更加方便。教师可以不受特定时间限制，反复多次进行实践，直至达标。同时，这样做不仅为高校节约资金，而且可以解决企业无法满足的实训项目，为教师创造了更丰富的工程实践机会和继续学习条件。但其也有一定局限，即不利于教师充分感受企业真实的工作环境和企业文化氛围。

2. 校外培养

第一，高校应分期分批选送高等工程教育教师送到师范院校或者开设有"工程教育学"专业的院校进修学习，提高教师实践教学能力和教学创新能力。

第二，组织教师到企业行业进行"再教育"。（1）对于高校内已经具有两年以上企业工作经历的教师，每年应派出15—30名，以挂职、兼职和当顾问的形式到企业、行业进行为期半年的工程实践培训；对于缺乏企业工作经历或企业工作经历不足1年的教师，将采取刚性形式，每年应派出6—12名教师，安排到企业进行为期1—2年的全职顶岗锻炼和兼职挂职实践。对于理论基础好、实践经验相对欠缺的博士，将其脱产送入企业博士后科研工作站做师资博士后，进行为期两年的训练；（2）教师在企业真实的工程环境中，在经验丰富、工程能力强的工程师的指导下，通过深入生产第一线的不同部门（设计开发、生产制造、运行维护、维修服务等）定期轮岗，由浅入深地了解不同部门的工作流程和最新的生产技术、工艺、设备情况，承担和参与企业科技开发、技术改造和实际工程项目或研发项目，开展应用型研究，向经验丰富的工程技术人员请教自身在专业教学中遇到的问题，接受企业委托开发项目，促进科研成果向生产力转化，提高教师发现问题、解决问题的能力。

第三，组织教师到国外进行"回炉"或"镀金"。每年选派10名左右具有发展潜力的青年骨干教师到国外知名科研院所或跨国企业考察和培训，学习国外高等工程教育改革、产学合作教育等方面的成功经验和模式，待遇相当于国外访问学者。这项举动保障了教育教学更贴近市场需求，使学院与产业发展紧密结合，锻炼了青年教师与企业和相关机构沟通交流的能力。

第六节　高等工程教育教师培养体系的运行与实施

高等工程教育教师培养是一项长期而艰巨的系统工程，为确保培养目标的顺利实现，一方面需要深入研究当前经济体制转型时期高等工程教育教师培养面临的新形势、新问题，从而探索切实可行的培养体系；另一方面需要国家、高校、行业和企业通力合作，大胆实践，从而探索出行之有效的培养模式。

一、国家引导高等工程教育教师培养

市场经济体制下，国家制定政策措施，打破体制与制度的壁垒，有效地引导校企双方通过深入的产学合作获得共同利益，既促进了教师实践能力的提高，又为企业破解了技术难题、培训了技术人才，促使校企双方由"要我合作"变为"我要合作"。

（一）建立合理的高等工程教育评价机制

在高校自我完善的同时，政府一方面应当大力支持高校改变重理论、轻实践，重论文、轻创新，重科研、轻教学的错误观念；另一方面应当建立科学的评价机制来引导社会就高等工程教育的本质属性和任务形成共识，最终制定切合工程教育实际的高等工程教育教师评价标准，引导广大高等工程教师着眼未来、面向市场、注重实践。

（二）成立专门的高等工程教育教师资格鉴定组织

教师资格是国家对专门从事教育教学工作人员的基本要求，是公民获得教师职位、从事教师工作的前提条件。教师资格鉴定组织应当由教育部管理的行政部门成立，其主要职责有：

第一，针对高等工程教育教师应具备的教育教学能力和水平，制定相关条例予以说明，按照一定程序进行鉴定。

第二，专门负责监督、培训高等工程教育教师。通过监督各高校教师接受培训的情况，强制各高校为教师继续教育提供条件。如规定从事高等工程教育的教师应定期到企业以全职、挂职、兼职等形式参与实践；每2年培训1次教育教学技能，每4年培训1次业务专业知识；组织教师国际交流、访问等。

（三）设立专门的教师培养指导委员会

教师培养指导委员会应由政府、行业、企业、工科院校共同组成，按照行业分类成立专门的组织机构。该机构主要负责：定期召开校企协作会议，收集相关行业的最新动态和科技信息、科研项目，促成各方密切沟通和交流；搭建与政府的合作桥梁，为学校引进高技术人才提供指导和帮助；筹划和组织教师培训；指导和监督教师培训。

（四）实施激励政策

国家应为高校和企业合作培养高等工程教育教师提供有利的政策支持和资金扶持，这样有助于整个社会形成良好的氛围，引导高等工程教育教师培养朝着健康的方向发展。中央和地方政府分别从国家整体战略的宏观高度和地方发展战略的角度有侧重地分配高等工程教师培养专项资金，来引导校企深入合作培养高等工程教育教师。对于具有国际竞争优势的企业或者创新技术攻关项目，中央可以有所侧重地选择若干高校和企业进行专项资金支持；对于符合本地发展战略的特色行业产业或者创新项目，地方政府可以并且应当安排资金予以重点扶持。可以广泛邀请相关专业的高校教师到本地企业进行技术指导或攻关乃至为本地发展提供科学规划。同时，对于主动参与培养教师的企业，国家也应给予一定的奖励。比如：这种企业可免交部分国税、国家带头购买这种企业的产品、免费帮助企业宣传、提高企业知名度、为企业颁发"校企产学研合作培养教师优秀企业"的荣誉等；对于在企业实践和科学技术研究中有突出成果的教师，国家也应颁发相应的奖金或者颁发国家级"教学名师"的名誉。

二、高校主导高等工程教育教师培养

高等工科院校应该把高等工程教育教师培养作为一项长期的工作来做，制订培养的整体规划，为校企产学研合作培养高等工程教育教师创造有利的条件。

（一）组织保障

高等工程教育教师培养是一项系统工程，涉及面广，任务繁重，必须加强领导，分工明确，统筹协调，精心组织，形成合力，把各项工作落到实处。这就需要各高校领导直接参与，不仅应提供组织保障，还应在经费、政策各方面提供有力支持。高校应出台系列配套政策，扎实推进相关工作。特别是充分调动各工科学院教师的积极性和主动性，鼓励他们结合专业特点、教学需求和教师实际情况制定教师培养模式、人才培养行动计划和人才培养配套支撑条件建设，将高等工程教育教师的培养切实贯穿并落实到学校各方面的工作中。通过这些措施，逐步形成学校领导重视，各相关职能部门、各教学单位齐抓共管共建的有效责任体系。

（二）制定引进人才的待遇标准

引进入校任教的博士享有相应专业技术岗的岗位津贴和博士津贴；引进入校任教的来自985院校且有较强工程实践能力的博士，享有一定住房补贴及科研启动经费等优惠待遇；对于已经取得高级专业技术职务的教师，还将根据其已取得的专业技术职务层级的不同一次性提供一定的安家费。

对教师到企业进行顶岗工作的和到本区域或者其他区域内更高层次的高校进修学习的教师，把其视为正常的教学工作，计入年度考核工作量，待遇相当于国内访问学者；根据合作企业所处地域和岗位性质向教师提供必要的岗位津贴及补助等；对于教师与企业合作或接受企业委托开发的横向工程项目，教师享受相当于纵向科研项目所获得的待遇；对于教师往返企业的旅费，高校应全额支付。

对国内外兼职教师的薪酬待遇，应考虑三方面因素：一是不应与其所在的企业薪酬制度相冲突，可根据具体情况，高于或等于其在企业工作相同时间所得的薪酬；二是应与其职称、经历、在高校培养人才的实际情况达成一致；三是应与校内相同层次专职教师的薪酬水平保持平衡。

（三）建立教师评聘与考核制度

根据科学性、多元化、方向性、特色性、实用性的考评原则，高校应建立和完善符合高等工程教育特性的教师评聘与考核制度。

对于专职教师而言，高校应在原有的教师职务系列中增设符合工程学科特性的教师职务系列，如工程型教师职务系列，具体包括工程型助教、讲师、副教授和教授，以此引导高等工程教育教师朝着更加职业化和专业化的方向发展。考核的标准从侧重理论研究和论文发表、从过去单纯的考评教师个人转向以下标准：（1）是否参与企业工程项目的设计、开发和研究；（2）是否具有知识产权与发明专利；（3）是否积极开展产学研合作项目并取得一定应用性研究成果；（4）是否为企业行业提供技术服务；

（5）是否积极参与企业工程项目；（6）人才培养的教学效果和质量是否合格；（7）教师个人是否积极参与团队合作；（8）是否在教学团队中做出重大贡献；（9）是否具有到大中型企业进行两年以上的挂职、兼职和全职的实践经历；（10）是否具有研究生以上的学历；（11）是否具有工程专业认证；（12）是否具有国际化的工程实践经验。

对于兼职教师而言，高校应在平时的教学过程中收集其他师生的意见，结合教学效果，对兼职教师的业务水平进行评价。评价后，高校应将相应的评价结果放到兼职教师的工作档案内，同时告知本人和其所在的企业，以便企业对其进行考核。

（四）建立教师激励制度

制定激励制度可以保障教师培养体系高质量地运行与实施。因此，高校应制定与培养体系配套的激励制度，对教师教学岗位设置、工作量计算、教学津贴等方面进行调整。具体如下：（1）有实验室或校内外实训基地建设经验的；（2）有重大发明创新、科研成果获得国家专利的；（3）在校企合作项目中为企业带来高利润回报的；（4）提升学校知名度和竞争力的；（5）参与高校实验室和校外实训基地建设的；（6）在教学中积极开展教育教学研究，更新教学内容、教学方法和教学组织形式，如实施小班式教学和研究型教学，将企业中的实际案例和研究项目引入理论教学中的；（7）在培养学生实践能力和创新能力方面有成果的。

对于以上情况，学校应设置若干专项奖励金，给予教师形式多样的鼓励，以此迅速提高他们在同类竞争者中的评比实力。同时，高校应给予教师幅度较大的加分，以备评定职称、职务晋升所用。高校还应颁发给他们"企业项目成就奖""先进双师型青年教师""实验室建设进步奖"等荣誉称号。另外，对于校外兼职教师也应对其创造的成果和工作给予物质和精神的鼓励。如为对师生有很大帮助的兼职教师学校颁发荣誉奖章，提升工程师的学术形象，以便对其在企业职务上的升迁发挥作用。

（五）经费保障

对于高校筹集来的教师培养经费，相关单位必须专款专用，切实保障人才引进、教师职前和在职继续教育等顺利实施。校企合作培养高等工程教育教师涉及多方的利益，任何机关单位和公职人员不得挪用筹措的培养经费，且高校要坚持可持续发展的原则，合理设定这些经费各自在培训费用中所占的比重。教师培养经费主要是来自教师和企业合作的科研成果转化为生产力后所得的资金。当然，作为学校员工，高校应提供其四分之一的培训经费。除此之外，学校可利用自身的优势通过宣传，动员社会募集资金，寻求社会和政府的赞助和资助。总之，高等工程教育教师到企业挂职期间的工资应由政府、社会、企业、高校共同分担。

三、社会积极参与校企合作培养教师

（一）积极参与校企合作

企业应积极参与到校企产学研合作中，一方面应认识到高等工程教育教师是培养企业所需工程科技人才的主要人员，能够把企业的实际需求带到课堂，提高高等工程教育质量，另一方面应认识到高等工程教育教师到企业后能够与企业共同开展科研项目，对于高校科研成果的转化、产学研有机结合、企业发展起到了促进作用。校企合作双方通过资源共享，实现了优势互补与互惠互利。因此，企业应积极参与到高等工程教育教师的培养过程中，面向所有培训机构公开招标教师培训项目，支持学校组织教师到企业进行实践，使教师在企业的培训与工程科学紧密结合，为教师知识、能力和素质的提高贡献一分力量。

（二）完善企业考核和激励制度

第一，企业和高校联合制定专兼职教师的考核体系。校企双方应签订专兼职教师详细的实践方案，以便双方对各自成员进行考核，也使教师在企业的实践锻炼切实落到实处。比如，校企双方签订"教师企业（博士后科研工作站）实践合作协议"或者"关于实施教师'产学研见习'计划的管理办法"，其中应注明教师在企业实践的日工作时间、工作周期、需要参加的工程科研项目、需要深入的一线企业部门，待教师在企业、博士后科研工作站完成实践后，把高等工程教育教师的工程实践效果直接回馈给高校，一方面实践效果可作为高校对高等工程教育教师考评的依据，另一方面以便企业对教师进行评价。校企双方还可制定"兼职教师聘任办法""工程教育类教师职称评聘管理规定"和"工程实践教育基地（中心）管理办法"等，其中应注明兼职教师的聘任要求以及兼职教师在高校的工作安排等。

第二，企业应专门针对到高校任兼职教师的企业骨干人员制定激励政策。如：企业在兼职教师参与职务晋升、职称评定时，增加教师在校任教加分的项目。企业应增加技术创新能力的考核指标体系，发挥高级工程技术人员和管理人员参与校企合作的积极性。

第五章 我国高校工程教育教师团队建设创新探索

师资团队建设是工程教育中非常重要和基础的环节,是满足培养市场竞争人才必须的重要工程。结构层次合理的教学师资团队是教学任务高效完成的保证。对我国高校工程教育教师的团队建设问题展开研究,探索创新性工程教育教师团队建设机制,必然能够助力我国工程教育事业快速发展。

第一节 工程教育师资团队继续教育建设机制研究

在工程教育师资团队建设中,尤其要树立团队建设的观念和继续教育的意识。面对工程技术人才培养的整个产业链,有合格的工程教育师资队伍的建设和支撑,才能培养出适合工业产业发展的工程师。

中国现在处于建设工程强国,走新型工业化道路,培养各类优秀工程师的阶段。我国工业发展的现实需要要求我国的工程教育要培养实践能力强、创新能力强的工程技术人才。从"知识的传承性"来考虑,工程教育的灵魂就是工程实践。师资是教育资源中最重要的人力资源,提高我国高等工程教育水平,应首先从加强工程教育的师资队伍建设着手。①

---

① 查建中,何永汕. 中国工程教育改革三大战略 [M]. 北京:北京理工大学出版社,2009.

一、工程教育师资队伍素养要求

（一）知识的综合化

科学技术和新兴产业的发展，要求工程教师掌握本专业最新的科学成就和发展趋势，具备科学家的理论素养和探索未知领域的欲望和勇气。在多学科的综合应用下，具备获得解决问题的创新思维和创新能力，也敢于突破、善于超越传统的条块分割的知识结构，形成最优化的工程设计，这是培养优秀工程技术人才需要的先决条件。

（二）技能工程化

培养工程技术人才除了要掌握先进的工程理论知识外，工程教师还需要精通工程实践，具备培养工程师的工程素养。工程学科区别于其他学科的最重要特点就是它的实践性、集成性和创新性。教师或导师的"工程化"是培养工程人才的必需条件。

（三）教育专业化

工程教师具有教师行业固有的职业规范和逻辑思维，具有不可替代的独立特征。工程教育的教师队伍应该向工程教育专业化方向发展，树立工程教育研究意识，提高工程教育研究能力，只有这样，工程人才的培养才不会成为无本之木、无源之水。

（四）视野国际化

世界工程教育的发展趋势要求工程教育师资队伍必须树立"面向工业界、面向未来、面向世界"的理念，培养的人才需要有开阔的国际视野和较强的国际竞争力。工程教师必须用国际化评价体系重组课程体系和重构教学内容，能参与工程师培养的国际合作，组织学生跨国研修，以拓展学生的国际视野。

二、工程师资队伍发展的时代要求和趋势

（一）多元化充实、优化工程教育师资队伍

我国现在工程教育的师资队伍主要由企业的工程师和高校部分有工

程背景的教师组成，这两部分师资的任职形式主要为分阶段对学生进行指导和帮助。当前，整体工程教师队伍的人员构成比较单一，活力不强，因此，多元化充实工程教育队伍是一个探索方向。

（二）校企协同建立工程教育师资团队

以制度化、规范化、常态化培训发展机制作保障。目前在整个工程教育过程中，还没有形成工程教育师资团队的概念，高校教师和企业工程师之间的合作没有形成一种相互融合、团队建设、相互促进提高的状态。

（三）努力实现相互融合，实现"校企合作，校校合作、企企合作"

从"大工程"观念的发展来看，整个工程事业发展的落脚点都是服务社会，要以联盟的形式促进整体团队素质的提高。学校之间、学校和企业之间、企业和企业之间都应该建立一种更加紧密的合作方式，相互学习、促进，以提升整个生命线的周期和影响。

（四）建立企业和高校协同的工程师资团队继续教育体制

师资队伍也需要不断地学习和更新知识，继续教育观念的提出不应该只局限于面对企业，对于高校的工程教师，也需要加强自己工程素质的学习和提高，这是时代的要求和趋势。

（五）工程教育师资队伍发展的动力机制研究

驱动机制、动力机制研究对一个事物的整个生命发展轨迹研究是非常必要的，要想拓展工程教育的影响和效果，就必须重视对师资队伍建设的动力机制的研究。

三、工程师资队伍复合型建设途径探究

针对现在我国工程教育师资队伍所需要具备的素质和现在的现状来看，促进工程产学交流，改善工程师资队伍的结构和组成是国际公认的完善师资队伍，培养优秀工程技术人才的有效途径。我国在推进产学合作方面也做了大量的工作，高校和工业企业的师资交流等有了一定的进展，很多高校已经开始有意识地着手进行工程教师队伍的建设，给我国的工程教育注入了巨大的活力，但在操作过程中也出现了一些问题，常态化、制度

化、规范化的师资队伍建设必须提上日程。

（一）多元化充实工程教育师资队伍

随着工程教育教师的比例越来越大，工程教育的师资结构也越加多元、丰富。这些教师在高校里是工程教育的主力军，在企业也是企业工程的直接主导者和参与者，都参加过产业升级等重大工程项目，具有丰富的实践经验且具有深厚的理论知识。我国的工程教育师资队伍组成较单一，主要是高校一些具有工程背景的青年教师和企业的部分工程师两部分。笔者认为，工程教育师资队伍应该吸纳更多的优秀人才，建设一支专业的工程教育团队。高校工程教育教师的挑选除了面向专业教师以外，专业的、优秀的实验教师，工程训练中心的教师，企业中优秀的一线资深技术人员也应该成为工程教育队伍中的一员。

（二）重视团队建设，建立校企协同工程教育师资团队

好的工程教育团队是应该在合作进程中不断地调整、沟通和相互促进的。但现在的工程教育队伍基本还处于一个各自分工，教学任务界限相对明确，缺乏团队建设意识和合作意识的阶段。因此，要构建一个好的工程教育师资队伍，而且在其发展和成长过程中，必须形成定期、常态、规范的交流、学习机制，要挖掘优秀的"工程教育家"对工程教育团队进行培训，工程师和教师组成合作团队，双向提高，使企业的工程师增强理论功底和更新知识，同时使学校教师也能丰富自己的工程实践经验，提高工程素质。

（三）创新观念，实现"校企合作，校校合作、企企合作"，成立工程教育联合委员会

现在的合作建设机制基本局限于一个学校自己去找几家企业进行对接合作，模式上基本处于"一校一企""一校多企"。其实在"大工程"的视野下，我们整个教育事业、工业的发展最终目的都是落脚在服务社会的基点上。对于专业工程教育团队的建设，应该建立教师"工程化培养基地"，进行专业的、大范围的工程教育师资团队培养，应该参照行业机制，成立一个类似工程教育联合委员会的组织，对工程教育师资团队进行规范化、标准化管理。

（四）建立企业和高校协同的工程师资团队继续教育体制，提高师资水平

现在一般谈的都是企业人才的继续教育体制，但其实高校教师和企业工程师都需要不断完善自己的知识结构，提高自己的工业实践技能，因此必须从全局上树立整个工程教育师资队伍的继续教育观念，扩大和优化导师队伍的组合结构。从企业的角度来讲，企业应该设置专门的教育部门，与人事部门、生产部门相互配合，重视并规范企业工程技术人才的开发和培训；从高校的角度来讲，应该成立专门的工程教育师资团队，合力促进工程师资人才的交流和提高；从行业的角度来讲，应该以工程教育发展基金为基础和保障，成立工程继续教育专家咨询组织，组织企业和高校一起定期、规范、常态、团队化进行工程教育师资队伍的建设和培训。

（五）建立工程教育师资队伍发展的动力机制

要优化和扩大工程教育导师队伍的构成，提高整体工程素质，促进师资队伍的成长和发展，必须以相应的动力机制作为保障和驱动。从整体企业和高校的体制和发展来看，可以以三大机制作为工程教育师资队伍的驱动力。

1. 证书制

这里提倡的证书是一种行业导师资格的认定和规范，在全体专业技术人员中实行"工程教育导师任职资格"，尽量做到"持证上岗"和技能考核，这样才能以一个规范的行业机制组建工程教育导师队伍。

2. 责任制

责任制要求企业和高校都要把开展工程教育的要求列进任职目标考核中，定期对教育师资团队的建设、师资培训学习的质量进行考核，并相应督促后期的改进和提高。

3. 奖励制

适当的利益认可和驱动是保障一个事物发展的基础。针对整体工程师资团队的建设，要建立相应的奖励、评聘机制，在企业对工程师的任职和待遇，在高校对工程教师的职称评定和考核，都应该建立相应的体制和规范，以促进整个工程教育师资队伍的建设和发展。

第二节　产学研融合下的高校工程教育师资团队创新绩效研究

一、产学研的概念

国内学者认为：校企产学研合作是通过来自高等教育系统的大学和来自第二产业系统的企业相互协作，而使双方分别获得最大效益的过程。王章豹认为："广义的产学合作是指高等院校与企业在人才培养、科学研究、技术开发、生产经营以及人员交流、资源共享、信息互通等方面所结成的互利互惠、互补互促的联合与协作关系。"王廷芳认为："校企产学研合作是大学与工业企业之间为达到一定目的，通过协调作用而形成的一种互动关系。"

校企产学研合作是指校企之间在生产实践、教学、科研等方面进行合作。但是在市场经济下，高校和企业之间要想实现深层对接，需要政府、行业、企业和高校四方联动，而不是只有单方面完成，最重要的是要实现四方共赢的局面。

笔者将校企产学研合作定义为：在政府的引导下，在行业的帮助和支持下，校企双方通过人才培养、产品研发和销售、科学研究等方面的合作，找到利益连接点，最终双方达到利益最大化。此定义涵盖两个要点：其一，企业和高校是校企产学研合作的主体，国家和行业起着引导和牵线搭桥的作用；其二，校企双方主要是在人才培养、产品研发和销售、科学研究等方面进行资源互补。

二、理论研究

高校工程教育作为我国从工业大国向工业强国迈进的重要基石，其创新发展至关重要，而社会化与市场化成为检验其创新效果的关键。在经历个人创新向团队创新的演变后,基于产学研网络嵌入所带动的跨组织边界互动成为高校工程教育团队新的创新模式。学术界对此的解释更多延续"网络红利"视角,强调资源扩散、学习能力的价值化效力。

然而,现实中产学研网络的迅速扩张及学术界对网络化创新的信奉并不能掩盖高校工程教育团队创新效果的差异。这种差异不仅存在于不同区域的网络内,同一产学研网络主体,特别是高校系统的创新效果也并不全然相同。而且,相较于产学研网络的快速发展,以高校工程教育团队为代表的高校系统却发展滞后且不均衡。因此,研究区域差异之外的其他扰动因素并揭示其影响机理就成为解释上述问题成因的关键。发轫于网络扩展所带来的产学研网络异质性也成为学术界解释网络红利价值源的重要视角。现有研究发现,网络异质性所带来的多元知识将有助于提升网络资源池存量,而异质性知识蔓延所带来的网络价值化成本提高也被不同学者强调并指出网络异质性对网络主体创新的抑制作用。有别于中观层对网络特征属性的分析,微观主体能动性如创业者禀赋、研发人员能力成为部分学者探究产学研网络情境下组织绩效所标定的重要前置因素。可见,学者们研究的结论不尽相同,可能是因为大部分研究仅仅考察了异质性对创新绩效的直接影响,忽略了异质性在影响创新绩效过程中的一些内部作用机制和其他一些变量的作用。

(一)产学研网络异质性与高校工程教育团队创新绩效

基于网络主体多元化而形成的网络异质性成为学术界描绘和测度产学研网络的重要特征属性,也有学者将这种异质性界定为资源异质性或多样性,强调网络异质性是对产学研价值链层面资源多样性与整合适配性的评价。因此,学术界最初对网络异质性的评价更多信奉"多即好"的法则,认为网络异质性有利于主体的网络行为,并将这些网络红利归结为网络资源池和适配性的提升,能够为网络主体的创新行为提供更多机会。

需要强调的是,产学研网络的异质性并不因其主体聚类单一而呈现出弱化;相反,随着社会、政府、用户等新类别主体网络合法性的提升,以及单一类别主体网络功能的创新衍生(如企业建立自属科研机构和高校创办企业等)都能够有效提升产学研网络的异质性。以工程教育为代表的高校系统借势获得更多创新机遇，产学研网络的嵌入为其带来更多加速创新的资源和机会。更为关键的是，产学研网络所构筑的复合技术链，能够从技术创新到市场开发提供一整套完整的柔性解决方案与网络互动平台，对于工程教育团队创新的市场化及应用价值的提升更加显著。资源观与知识学习理论对此的解释再次体现了学术界对网络化创新趋势的肯定，认为网络资源多样性能够为网络主体的创新提供更多资源及整合模式，从而提升网络主体的创新效力。刘凤朝等指出，高校系统作为技术上游网络主体能够从其他主体获取更具市场价值的创新灵感，能够降低创新模糊前端的风险。还有学者将创新解释为交互学习的过程，知识的多样性是促进知识创新的重要条件之一。利用同一类知识源集合产生的新想法很有限，增加搜索的宽度，提高外部知识网络的规模将增加知识源的类别。刘宁等认为，多元化的技能组合更有助于团队提出多种解决方案，从而表现出更高的创新效果。

尽管如此，信息处理理论的提出成为部分学者对网络异质性提出质疑的话柄。信息过度和复杂信息搜索与整合不仅会提升网络参与的成本，还能够干扰网络组织现有的创新轨迹与网络惯例，特别是时间等隐性成本的压力很可能降低网络主体创新的先动优势。不仅如此，根据"相似—吸引"范式，社会分类理论认为异质性环境对团队创新绩效会产生消极影响，因为与创新任务非直接相关的网络异质性会对网络主体沟通和协调产生影响，具有不同社会类别的网络主体会将与自身不同的异己排除在圈子外，这就造成了沟通和协调的困难，甚至会引发不同圈子之间的冲突。

（二）教师能力与高校工程教育团队创新绩效

基于专业相似或项目技术互补而形成的高校工程教育师资团队归根结底仍是高校教师群体，即围绕知识创造和技术推广所建立的多契约组合，团队化协作的盛行无疑成为高创新绩效的证据。"输入—过程—输出"作为众多学者解释高校团队创新前置要素以及团队创造力从产生到运作的系统框架，将个人因素作为输入，强调团队成员的禀赋和能力直接影响绩效输出结果。知识观则将创新直译为知识创新，而创新过程是原有知识的重新组合或者新知识与旧知识的组合。教师既是高校工程教育团队的知识载体，也是知识整合的主体，基于知识互动与整合的能力就成为团队创新来源必须考虑的因素。

随着研究中心的前置，团队成员的能力成为解释团队创新效力的突破口，工程教育的技术性要求高校教师首先应该具有专业性的教育能力。陈娟等指出，教学与实践是专业技术知识再次创造和提升价值化的有效途径，对教育和科研质量的追求是团队基于知识整合所开展的有效正式活动。此外，团队作为一种开放式协作创新的形式，内部协作联结越强、知识分享的频率越高，越容易产生知识溢出，提升团队创新绩效。总而言之，拥有高水平能力的成员增强了团队由于知识碰撞和整合而产生新知识的可能性，并为团队创新带来更多契机。

（三）产学研网络异质性与教师能力

高校工程教育团队所具有的开放式创新模式，能够为教师跨组织边界参与网络活动提供便利。延续知识创新，即产学研网络核心机制的定论，围绕知识所开展的互动最终需要微观个体（教师、创业者、管理者等）代表不同网络成员组织以正式和非正式的交互模式开展互动。虽然高校教师并不一定是资源所有者和绝对利益相关者，但基于知识的主题正是教师所感兴趣和擅长的。前文强调，产学研网络的异质性是从内容维度对网络特征的测量，外显形态更多源于网络成员的异质性（多样性）。基于此，为了探究产学研网络异质性对教师能力的影响，就需要将研究透镜置于微观层面，而将产学研网络的异质性映射为网络成员组织中微观个体的异质性，通过与其他网络组织中的个体相接触，高校教师有更多机会接触多样性的网络知识。研究发现，知识异质性会促进网络参与者知识体系的多样化，并有利于认知的发展与知识的创新。

知识异质性对创新产出所具有的负面影响同样延续到微观个体，面对繁杂的网络关系和冗余性更强的网络知识，高校教师的检索能力与成本约束更加显著，由此引发的知识异质性会导致教师与其所在团队的分层异化，用于提升自身价值所需要获取和检索新的知识也会影响教师对现有创新任务的专注度。

值得注意的是，不同观点的研究视角和理论基础也是大相径庭：正面观点通常是从信息过程视角出发,以社会认知理论等为理论依据;负面观点则往往从人际关系视角出发,以社会分类理论等为理论依据。异质性的认知资源优势或信息资源优势,会同时受到小群体作用的负面影响,面对产学研网络环境的复杂性,上述两种作用的博弈会导致网络异质性对高校教师自身能力影响的不稳定。

（四）教师能力在产学研网络异质性与高校工程教育师资团队创新绩效关系中的影响

不可否认,学术界对网络异质性与网络成员创新关系的谨慎,更多源于二元线性关系所呈现出的实证差异。在直接效应存在极大争议的情况下,研究者们将目光投向了影响网络异质性作用效果的中介效应和调节效应,以探寻产学研网络异质性的影响机理与作用边界。作为网络异质性特别是学术界所强调的知识资源异质性的重要载体——网络组织中的微观个体（如高校教师）,虽然其自身不具备严格意义上的网络主体合法性,网络组织间的互动更多是以微观个体的参与所实现,特别是建立在网络强关系基础上网络成员组织所开展的非正式会晤与交流都需要组织中微观个体社会资本的介入,因此,社会资本理论成为网络组织研究中揭示跨层次主体间影响机理的重要理论基础。后续研究发现,"多样性"和"差异性"的优势源自知识的异质性本身。多样性的知识是创新的基础和前提;而知识的"冗余性"和"共享性"优势则不在于知识的冗余和同质本身,而在于其带来的相互沟通和知识传递的容易性,沟通与传递工作的有效性则很大程度上取决于网络成员组织中微观个体的能力。

三、产学研网络异质性与工程教育团队创新绩效间存在倒U关系

首先,产学研网络异质性与工程教育团队创新绩效的研究,在延续"结构—行为—绩效"逻辑关系的基础上构建了一种中观组织与宏观网络结构间的跨层分析范式。研究结论对二者间非线性关系的刻画能够更为真实地还原"过犹不及"的价值观。实证结果显示,产学研网络异质性与工程教育团队创新绩效间存在倒U关系。在网络创建初期,随着网络异质性

的提升，工程教育团队能够通过积极参与网络建设，构建强关系为主的合作模式，并在知识创造和分享的过程中不断提升团队创造力。而且，随着网络资源池存量的提升，这种循环共进模式会随着网络异质性的提升而加速。然而，随着网络异质性的继续提升，多元化且不断增加的网络成员反而成为网络的一种"负担"，这种结构的质变提升了网络成员间关系建立与维系的成本，特别是为了获取更多隐性资源而建立的网络强关系需要投入更多经济与社会资源。而资源禀赋缺陷正是以工程教育团队为代表的新兴学术组织的最大短板，无论在经济资源还是社会资源方面的压力都会随着网络异质性的提升而加强，进而抑制创新团队在科研以及团队建设方向的投入。因此，我们可以将这种既受益于网络异质性发展又受制于网络异质性过度的处境解释为网络结构与网络成员行为的适配性问题，换言之，只有当网络异质性处于合理范围内的提升才有助于网络成员创新的发展。

与产学研网络异质性对工程教育团队创新绩效的复杂影响不同，教师能力的影响则显得更加直观也更符合传统理念对个人价值创造与集体效力间关系的理解。不可否认，教师作为工程教育团队的基本单元，其能力的提升是团队能力的基础。因此，通过教学、技术、实践、沟通能力的不断提升融合，兼具传统"教书育人"作用和现代开放式创新能力的新时期教师不仅能够创造知识，更能够在更为开放的网络化互动过程中以联合创造的方式加速知识的市场应用速率，而这也从根本上为教师能力的市场化提供了平台。

其次，产学研网络异质性对教师能力具有非线性的倒U型影响。实证结果表明，教师在参与网络化互动与合作创新的过程中既为网络异质性多带来资源红利，同样也会在网络结构出现异变的过程中受到波及。换言之，随着网络异质性的提升，网络资源在不断丰富与合作关系不断增加的情况下，教师能够有更多的机会接触和整合多元化的创新知识，并在教学与科研过程中内化于自身创造力的提升，而且随着网络互动的增多，合作经验的不断积累能够加速以教师为代表的微观主体的网络价值化效率。然而，随着网络异质性的进一步提升，结构性的质变同样给"势单力孤"的微观个体们带来巨大冲击，从信息的烦冗到人际关系的复杂维系都会对教师的精力和有限资源禀赋带来巨大冲击，而教师也在疲于应付的状态中经受着更大的考验，因为即使这种压力所造成的负面影响不断加剧，教师乃至整个团队也不可能轻易脱离网络。因此，网络异质性对教师及其自身能力的提升会起到先扬后抑的作用。

最后，与工程教育团队创新绩效的前置作用相同，产学研网络异质性对教师能力同样具有非线性的倒U型影响。这种实证结果的巧合需要我们再次回溯产学研网络的本质。网络既是资源池的载体，同样也是网络成员活动的场域。教师作为教学与科研的微观主体，同样能够依托其所在团队参与网络创新互动，也能够通过逐渐积累的网络私人关系助推自身素质，而这一变化最大的外部受益者无疑是团队，随着网络资源在微观个体层面的沉淀与价值内化，教师所依托的工程教育团队所形成的强关系"小圈子"能够进一步整合教师所承载的网络资源，这种现实中的逻辑关系同样得到中介作用的理论解释。

四、实践启示

产学研网络、工程教育团队以及教师作为分属不同层级的主体，构成了完整的资源价值化闭环通道。因此，优化结构，梳理各层级间的关系能够加速提升网络整体的创新效率，这不仅有益于网络自身的建设与发展，同样有助于提升网络成员甚至微观主体的网络行为绩效。

首先，网络异质性对团队创新绩效以及教师能力的非线性影响说明，网络建设与发展并非需要一味地追求资源的多元化，资源的价值本身在于利用而非堆砌，提升产学研网络成员的资源开发利用率才是解决网络资源溢出与创新主体有效资源不足的途径。因此，作为产学研网络的管理者和建设参与者，应该依托区域特色产业经济优势，将网络主体的数量和差异性控制在一个相对充裕但不失活性的范围内。当然，这种阈值把控的难度是很大的，因为面对环境的变化一个合适的控制范围不仅需要管理具有多元化的专业基础知识和对市场趋势准确的判断，还需要丰富的网络组织经验。

其次，教师作为产学研网络中也许最不起眼的创新单元，其所蕴含和承载的创新潜力往往埋没在团队之中。因此，想要从根本上提升工程教育团队的创新能力，以人为本的团队建设理念应该成为重要的团队发展理念。更为重要的是，工程教育团队应该为教师参与网络合作提供更多的机会和经验方面的帮助，虽然这种人才培养方式需要较长时间的积累，但学以致用的时间成本最终将转化为团队的绩效与发展动力。

第三节 学习型师资团队建设创新探索

一、学习型师资团队建设是教师专业发展的阶梯

学习型师资团队是新时代教育发展的重要组织形式，它除具有教师团队的基本特征外，还强调了教师的持续学习性，最终促成教师队伍的专业发展。笔者认为，学习型师资团队是学校参与教育教学工作的教师们，在充满学习氛围的环境下，为实现共同的教育教学目标而互相持续交流学习、共享信息、合作探究，取长补短，促进教师共同成长并实现专业发展的教师团队。

一直以来，大多数学校在管理上采用自上而下的科层式管理模式，学校领导层下达的通知经层层转述到达教师个人直接执行，没有充分考虑教师的内心感受与想法，忽视了与教师的沟通交流。这在一定程度上难以调动教师的工作与学习积极性，难以塑造学校的核心凝聚力，从而影响学校的运行发展。

此外，教师较习惯于独立工作，除必要或短暂的合作外，与其他同事的交流学习较少，使得教师个人的专业成长与发展受到了限制。随着素质教育理念以及基础教育新课程改革的深化，加强教师间的交流学习、合作探究日益成为增强教师队伍质量的重要途径。学校开始关注学习型师资团队的建设，利用扁平化管理模式，加强管理者与教师间的沟通交流，注重教师的话语权，全面了解教师的心理诉求，以提升教师的工作归属感与

幸福感，推动学校的可持续发展。与此同时，学校通过建设学习型师资团队，能够培养教师间日常教育教学工作的交流学习、合作探究意识，丰富教师个体及团队的教育教学经验，提升教师队伍的专业成长，激发教师的工作学习热情，增强教师的职业认同感与价值感，从而实现教师专业发展。

二、学习型师资团队的理论基础

（一）学习型组织理论

学习型组织思想最早是由美国麻省理工学院的教授杰·佛睿思特提出，他运用系统动力学原理初步构想出未来组织模式的一些基本特征，即组织结构扁平化，组织开放化与信息化，民主管理化，持续学习性。其后，经彼得·圣吉的继续研究与发展，于1990年出版《第五项修炼：学习型组织的艺术与实务》一书，第一次正式而又系统阐释了学习型组织理论，此后全球掀起了学习型组织理论研究与实际运用的热潮。

彼得·圣吉认为，学习型组织应是一个这样的组织：该组织弥漫着良好的团队学习氛围，其组织成员能够持续不断学习，充分挖掘自身潜能，开拓创新性思维，实现自我超越以期待达到理想效果，改善固有的思维定式，形成积极而又开放的思考方式，为实现组织的共同愿景而不断努力奋斗。他提炼出学习型组织的五项核心要素是"自我超越、改善心智模式、建立共同愿景、团队学习、系统思考"[①]。所谓自我超越，即组织为每位成员创造适应个人发展的环境，关注每位成员对于组织成功创造的价值，让每位成员通过学习不断明晰自身内在发展的需求，指导实践行为；所谓改善心智模式，即组织成员要解放根深蒂固的心智模式，以一种开放的、包容的心态接受他人的想法与行为，同时要积极主动表达自己的观点与意愿；所谓建立共同愿景，即成员们遵循共同认可的目标与信念，它存在于

---

① [美]彼得·圣吉. 第五项修炼：学习型组织的艺术与实务［M］. 郭进隆，译. 上海：上海三联书店，2002.

组织的各类活动中以激励成员们不断成长与超越自我；所谓团队学习，即成员间相互交流协作，为实现共同目标而展开的学习活动及过程；所谓系统思考，即指组织成员具有全局意识，将问题放置于系统中去思考，以整体思维与能力去寻求新的平衡。学习型组织重点突出人的意义，成员们通过学习，重新发现自我、认识自我、创造自我，使其在组织内工作中活出生命的价值与意义。

根据彼得·圣吉对学习型组织相关内容的概述，归纳出学习型组织的特征：开放、自觉的学习氛围；人人持续不断主动学习、相互学习的意识；亲密协作的成员关系；集体共享知识与经验的观念；创新发展的思维理念；协调统一的目标与愿景；成员人生价值的充分体现。

（二）教师专业发展理论

教师专业发展理论研究最早开始于美国，于20世纪90年代传入中国，目前已成为教师教育研究领域的热点。教师专业发展在教育时代的发展进程中，是教师专业化思路扬弃的结果，它决定了教师队伍的整体专业素质，是学校及教师实现可持续发展的关键。

有关教师专业发展的概念，国内外学者有不同见解，有强调注重教师在从教生涯中每一阶段的专业知识与技能等方面培训的过程；有关注教师在培训或学习中获得某些方面的发展，推动教师获得专业进步的过程；有注重改进教师专业知识与技能等专业内容，实现教师内在专业结构持续更新、丰富与完善的动态过程。归纳起来大致分为三种，即教师的专业成长过程；推动教师专业成长的过程；以及前两者兼而有之。目前更多倾向于第三种，即教师专业发展是教师在参与教育教学工作学习活动中，能够批判性获得教育教学相关的专业理念、专业知识、专业技能等，以满足自身成长需要，为学生的全面发展而服务，获得一定程度的职业幸福感的动态过程。教师专业发展强调了一种成人教育，它关注教师对教育教学理论与实践的探究，**让教师明晰自身的教育教学工作对社会发展及个人工作生活创造的意义，强化教师对教育教学工作及活动的理解与支持，教师专业发展的最终目的，就是让教师在和谐、融洽、受尊敬的工作学习氛围中不断获得专业成长，在教育教学过程中使教师及学生获得有效发展，提升学校的办学质量，实现学校的可持续发展。

教师专业发展理论的发展历程，体现了教师由被动专业化到主动专业化的演变过程，且在探索过程中形成了三种取向，包含了理智取向、实践反思取向以及生态取向，理智取向是指教师个体通过培训的方式获得所需专业知识与技能取向；实践反思取向强调教师个体反思实践行为并加以理解与改进的取向；而生态取向强调教师与周边工作情境的关系，注重教师间的合作与交流，旨在促进教师团体的协同进步与发展。这三种取向中，生态取向是一种较为理想的教师专业发展方式，旨在通过教师间的合作探究共同解决教育教学实践问题，并在此过程中不断促进专业成长。随着新课程改革的深化以及教育新时代的变革发展，教师间的交流学习、合作探究日趋重要，它不仅成为学校解决教学实际问题的手段，也是推动教师专业成长，提升教师队伍素质不可缺少的条件。

（三）终身学习理论

20世纪90年代，终身学习理念传入我国，受到社会各界人士的普遍关注与重视。进入21世纪，终身学习理论更是被广泛推广，成为一种现代教育理念。终身学习是在终身教育理论基础上发展而来，是终身教育理论的深化与延伸，有关终身学习的定义，目前普遍采用的是由欧洲终身学习促进会提出的概念，即"终身学习是通过一个不断的支持过程来发挥人的潜能，它激励并使人们有权利去获得他们终身所需要的全部知识、价值、技能与理解，并在任何任务、情况和环境中有信心、有创造性和愉快地应用它们"[1]。根据此定义能够从中获悉，终身学习强调了学习主体的主动性，是为了获得自身的学习需要而进行的一种有目的、有意识的学习活动，最终能够体现学习主体的学习价值，实现自我完善。

教师作为一种培养人的职业，需要不断更新教育教学理念及思想，解决教育教学难题。因此，教师应时刻保持一种持续学习、终身学习的主动意识，根据自身的教育教学经验，及时有效地拓宽自身的专业理论、知

---

[1] 吴遵民. 现代终身学习论：通向"学习社会"的桥梁和基础［M］. 上海：上海教育出版社，2008.

识与技能，以应对教学实践的各类问题，更好地服务学生，从而在促进学生发展的同时实现教师的职业价值，推动教师个体的成长与发展。与此同时，学校教师们只有具备终身学习的意识，才能够就教育教学实践问题及时、主动地交流学习与合作探究，才能有效保障学校办学的可持续发展，才能进一步提高教师队伍的整体水平，更好地推动教育事业的发展。

三、学习型师资团队的标准

学习型师资团队是教育新时代的发展需要，是教师促进专业成长的需要，是学校实现可持续发展的需要，本研究结合学习型组织理论特征以及教师专业发展理论取向，概括出学习型师资团队的五个标准。

（一）具备开放民主的校园氛围

开放民主的校园氛围，能够释放教师们的教学个性及特长，为教师们展开相关教育教学探究与创新实践行为奠定基础，有利于激发教师们对教育教学工作与学习的热情，增强教师们的工作学习自信心与愉悦感。

（二）拥有明确清晰的共同愿景

共同愿景是学校实现可持续发展的指路灯。学校教师团队拥有明确清晰的共同愿景，能够使教师团队依托愿景确定团队的发展方向与目标，引导团队成员展开团队系列活动，逐步完善教师教育教学行为，提升教学质量，实现学校可持续发展。

（三）形成持续不断的学习意识

新课程改革对教师的专业能力提出了新要求，教师要不断更新教育理念、专业知识与技能、专业情意及素养等，才能适应新课程改革的发展需要。这就意味着学习型师资团队的教师成员们要立足教育教学实际，勇于探索与发现，保持与时俱进的品质，在团队工作学习中相互交流探讨，共享教育教学知识与信息，逐步形成一种持续不断的学习意识，更快更好地推动教师们的专业成长，以规范教育教学行为，服务学生。

（四）开展丰富多样的团队活动

教师团队活动应结合学校教师们的心理诉求及教育教学的实际发展

需求等内容展开，从而激发教师们的参与热情，最大限度上使教师们获得新的专业认知与成长，以调动教师的教育教学积极性。此外，在开展教师团队活动时，要选好团队负责人，要有具体的活动实施方案，要确保每位团队成员的主动参与性，以保证团队活动的有效进行，推动团队的高效运转。

（五）保持和谐友好的合作关系

合作是教师应对新课程改革要求、解决教育教学实际问题的重要手段，是教师促进专业发展的有效途径。和谐友好的教师合作关系，有助于教师们在交流探讨、共享经验等过程中互助互促，激发教师们的教育教学潜能与创新思维，产生更适切的教育教学行为，实现教育教学效能的最优化。

（六）体现教师发展的生命意义

学习型师资团队的根本目的是实现教师自我发展，提升教师队伍专业素质，因此学校的学习型师资团队能够在组织并开展相应的教育教学活动时基于教师发展诉求，结合教师教育教学实际，充分调动教师们的参与积极性，使教师们在活动过程中能够不断自我反思、自我提升甚至自我超越，逐渐完善自身教育教学的专业能力，从而提高教学质量，实现职业幸福感与成就感。

四、学习型师资团队建设的推进策略

（一）完善教师工作环境，营造校园良好氛围

一所学校的整体工作环境会对教师日常的工作学习有所影响，它影响教师参与工作学习的积极性与主动性，影响教师的工作与学习效率。基于此，学校应根据教师的实际需求以及学校可持续发展的需要，完善教师工作学习条件，营造良好的校园氛围，为提高教师工作学习满意度，推动教师专业成长与发展奠定基础。

1. 配备齐全的硬件设施

学校完善硬件设施是办好教育的基础，是提供教师安心教学、持续学习的重要支撑。在加强教师队伍建设过程中，学校应关注教师外在基础环

境的建设，保障教师的可持续发展。具体表现在：第一，完善教师办公环境。办公场所是教师进行办公学习的主要地方，其环境的优劣直接会影响教师的工作学习效率，为此，学校应改善教师的办公环境，设计宽敞明亮的办公场地，摆放新鲜而有活力的绿植，为教师配备诸如办公橱柜、个人专属电脑、桌椅、打印机、空调等办公设备，提供人性化、舒适的办公环境。第二，丰富教学配套设备。学校应满足现代化教育发展需要，及时更新教学设备，为每个教学班级配备多媒体设备，方便教师更好地呈现教学内容，激发学生的学习乐趣。第三，加强校园网络建设。运用互联网信息技术，健全教学辅助及管理系统，减轻教师过重的工作量，提高教师的工作效率；利用"互联网+"的形式，丰富教师的教学与学习资源，帮助教师完善教学内容、改进教学方法，提升教学实践能力，从而促进教师的专业成长，提高学校办学质量。

2. 注重对教师的人文关怀

学校在完善教师工作与学习场所外在环境的同时，还要加强对教师身心健康的内在人文关怀。首先，学校要以教师为本，充分尊重教师，给予教师一定的话语权与自主权，鼓励教师间和谐且平等的交流对话，促进相互间的合作学习。其次，学校应肯定教师在学校发挥的主体作用，及时了解教师的诉求，尽可能为教师排忧解难。再次，学校管理者应联合学校有关部门，组织开展多元化愉悦心情的教师活动，诸如文艺汇演、阳光体育运动等。最后，定期为教师安排体检，关注教师的身体状况，加强对教师的人文关怀，使教师感受学校的温暖，能够更好地融入学校大集体中，提升教师的满意度，增强教师的凝聚力。

（二）提高校长的领导力，引导教师自我超越

校长领导力指的是学校校长统率，带领教师团队实现教育教学发展目标的综合能力。有效发挥校长领导力，不仅能够加强学校教师队伍建设，提升教师教育理念、专业知识与技能，而且易于增强学校集体凝聚力，实现学校可持续发展。

1. 理念领导力

理念是行为产生的先导，只要有教育行为发生，必定有教育理念发挥

的作用。素质教育的全面推进与深入以及教育现代化的发展要求，必然会涉及教育教学思想理念的转换更新问题。校长作为学校的引领者，理应具备先进教育理念，指导教师进行教育教学思想更新。一方面，校长作为学校发展的重要决策人，应结合新时代教育发展的新趋势以及自身长期积累的工作经验，不断提炼和总结与学校发展相符的教育思想，立足教学实际问题，向学校全体教师传递教育教学的新信息。另一方面，校长应做好善于学习、积极思考的表率，以自身开阔的眼界、理性的思考、创新进取的精神、求真务实的作风，将素质教育理念的新要求贯穿于学校的全部教育教学活动中，带领教师团队共同探索，创造适应学生发展的办学新模式。

先进教育教学理念是时代发展的要求，是学校办好教育的基础，校长要带领教师团队共同进步，保持与时俱进的终身学习品质，思考与探究新时代教育理念与教学实际的联系，促进学校及教师的可持续发展，实现教育现代化。

2. 课程领导力

课程改革是激发全体教师持续学习意识的现实需要，是凝聚教师团队创新意识与合作意识的重要形式，是实现学校教育教学目标的发展方向。校长作为学校的主要掌舵者，要充分发挥课程领导，鼓励教师超越自我，使校本课程改革有序进行，推动学校的长久运行及教师的专业发展。

3. 技术领导力

技术领导力主要指校长在办学管理方面以及规范学校制度上的能力，是校长办好学校以及激发教师创造性的保障。

第一，校长应树立全局观念，统筹管理学校，做好顶层设计。

第二，校长应采取扁平化、科学化的管理方式，立足教育行动研究，提高教师参与学校重大决策的话语权，增强教师的主体意识。

第三，校长应鼓励教师参与学校的日常行政与教学管理，全方位了解学校办学的运行机制。

第四，校长应联合学校有关部门，在充分了解学校实际运行情况及教师现实需求的前提下，健全学校的教育教学制度，提升教师职业认同感，使他们不断突破自我，提升专业素养，更好地为教育服务。

（三）塑造全校共同愿景，制定团队适切目标

共同愿景是组织中所有成员共同愿望的景象，它有一种较强的感召力，指引组织内每位成员主动为之努力奋斗，让个性迥异的人汇聚在一起，朝着共同的发展目标前进。学习型师资团队的建设基础应基于学校的共同愿景，使教师团队成员拥有共同的发展目标、价值观念以及责任使命。

首先，学校应综合现代教育思想、教师现实诉求以及学校发展趋向等多维度进行统筹规划，确立学校的发展愿景。

其次，学校要组织全体教师及团队开展系列活动，将学校发展愿景深入渗透到教师团队中，逐渐内化为教师团队成员共同奋斗的发展目标。

最后，学习型师资团队应围绕学校发展愿景，经团队成员交流协商来明确教师团队的短、中、长期目标。根据团队具体目标开展相应的团队工作与任务，使教师团队成员能够主动学习、合理分工、交流合作，形成团队凝聚力，保障团队工作的有效运行。

（四）鼓励教师持续学习，培养系统思考能力

教师参加继续教育，树立终身学习理念，是时代进步的需要、是职业性质的需要、是国家发展的需要。教师只有通过持续不断的系统学习，提升专业素质、知识与技能，才能全面思考自身教学研究行为以及教育本质，推动学校的可持续发展；才能适应社会发展要求，保障国家教育事业的稳步发展。

1. 加强学历教育

现代化教育的发展对教师的专业素养及能力要求日益增加，为此，学校应鼓励教师继续提高学历层次，进行与之相匹配的专业理论知识与技能的系统学习，把握专业素养与情意，以完善教师的专业知识储备，拓宽教师的眼界与思维，树立全局意识，更好地为学校及学生服务。此外，学校加强对教师学历教育的重视，能够锻炼教师的系统思考能力以及教育教学研究能力，提高教师队伍的整体素质与水平，保障教师团队的整体平衡性，以较好地形成团队凝聚力，保证团队成员的高效合作与学习，推动学习型师资团队的可持续发展。

2.坚持"引进来，走出去"

所谓"引进来"，就是指学校邀请相关教育领导、专家或高校教授到学校进行专题讲座与现场指导，和学校一线教师进行互动交流，交换思路与想法，使教育教学理论与教学实际相结合；所谓"走出去"，就是指学校定期选派部分教师外出参观学习，了解其他学校的优秀教育教学理念、方法、模式等内容，丰富教师们的认知，开拓其思维，更好地指导教学实践。具体应做到：

第一，学校应邀请分管教育的上级领导或兄弟院校管理者来校指导，分析教育发展的新动向与新趋势，分享亲身的教育教学工作经验，让学校教师及其教师团队更好地把握教学内容，指导教学实践。

第二，学校应时常邀请高校教育方面的专家或教授来学校进行专题讲座，针对学校的办学实际以及教师团队的教学难题或困惑，为教师团队提供教育教学新思路与新理念。

第三，学校应增加教师或教师团队外出培训学习的机会，定期安排教师轮流外出交流访学，实时了解教育新动态，学习别人精湛的教学经验，把握教育本质。利用"引进来，走出去"的学习模式，培养教师及团队的持续学习意识并树立全局观念，沿着新时代教育发展趋向不断摸索与研究，系统地进行教育教学变革创新，实现教学突破。

（五）创新教师管理机制，推动教师专业发展

优化学习型师资团队，提高学校的办学质量，还需要创新学校的管理机制，实现科学管理；它是激发学校教师持续工作与学习潜能的重要支撑，也是推动教师专业发展的强有力保障。为此，学校应从多方面着手，立足教师的现实诉求，加强对教师的创新管理，更好地为教师服务。

1. 激励机制

在日常的教育教学管理工作中，学校在给予教师专业素养、知识与技能成长帮助的同时，还要适时对表现突出的教师个人及团队予以适度的物质与精神奖励，以激励教师们持续发展的意识，调动他们合作学习的积极性与主动性。

第一，学校针对教师及团队的日常教研工作进行量化考核评估，对

排名靠前或表现突出的教师团队或个人进行表彰，授予荣誉奖项及物质奖励，并邀请其做全校性的交流分享会，让学校其他教师学习优秀团队或个人的经验，这样不仅能够提升优秀团队或个人的成就感，而且利于激发其他教师向榜样学习的发展动力。

第二，启动非正式表扬机制。学校应以真诚为出发点，以教师的工作学习事实为依据，创造各种机会，发现并充分展示教师们的闪光点，来调动教师们的教学工作激情，提升教师们的职业认同感。

第三，学校应对积极发展的教师团队或个人进行适度的政策倾斜，具体表现在评选省级以上荣誉称号、职称评定等方面。学校管理者应对积极主动发展且收获一定成效的教师团队或个人给予适度关注，优先考虑对他们的评奖评优，在肯定他们教育教学成果的同时，鼓励学校其他教师加入专业发展的行动中，共同推进学校的发展。

2. 评价机制

评价作为衡量教师参与教育教学工作的手段，是学校进行有效管理的重要机制。学校进行评价，要打破以学生成绩为唯一衡量标准的方式，应以促进教师的专业成长为目标，对教师的教育教学工作及学习情况进行多维度的综合考量；在开展教师评价中，要以某种恰当的方式进行考评，要突出重点，以结果为导向，进行正确的评价。

学校在进行教师评价的过程中，应从教师的教学成绩、教师自身的学术能力、满意度等多方面进行考评，应重视教师个人与教师团队的捆绑式评价。科学的教师评价体系，有助于学校教师们依据评价标准，了解自身存在的问题与不足，后期进行有针对性的调整与改进，从而不断提升专业发展，推动教师队伍的建设。具体来说：

首先，学校对教师的教学业绩、学术能力、满意度按照一定比例进行划分，并对每一部分的考量标准以及如何计算统计，都应有明确的说明。

其次，将教师个人评价与团队评价相结合，因为个人的许多成绩离不开团队的共同努力，团队的良性发展也需要教师成员去维护，只有两者密切联系，才能促进交流学习，才能合作共赢，实现学校的可持续发展。

再次，评价方案应尽量做到全面具体，以保证教师的日常工作都有相应的管理制度支撑,但同时不能让教师感到束缚,要给予教师适度的空间,一定的自由度。

最后,评价的结果应以积极的、正面的、恰当的方式告知教师个人及团队,使其在认识自我的基础上不断改进与成长,推动教师团队的发展。

3. 经费保障机制

学校在推进教师团队发展的过程中,应设立专门的教师团队建设资金,用于保障教师团队的日常工作学习,减少教师团队发展的后顾之忧。学校设立经费保障机制,首先,应明确用于教师团队建设的相关费用标准,以便教师团队根据实际情况与发展需要进行合理的申请;其次,应成立教师团队建设经费管理部门,以最快的效率为教师团队提供最便利的服务;最后,要与教师团队达成共识,将用于教师团队建设的专项费用用到实处,全面支撑教师团队的发展,使教师团队充分发挥其作用,激发团队成员们的工作学习热情。学校实行经费保障机制,一方面实现了教师团队建设的专款专用,为教师个体及教师团队的工作学习创造了有利的物质条件,补充与完善了教师及团队的工作学习资源,提升了教师们的教育教学技能,促进专业成长;另一方面能够调动教师们的学习积极性,激励教师团队成员们的交流学习、合作探究,为实现团队的发展目标而努力奋斗,形成团队凝聚力,从而更深入推进学习型师资团队的发展,提高学校的办学质量,保障学校的高效运行。

学习型师资团队的建设能够有效地促进教师间的互动交流、合作学习,激发教师们的教育教学潜能,提高其教育教学实践能力,增强教师的专业认同感与价值感,实现自我成长与发展,从而促进学校教师队伍的整体发展。

第四节 探索高校师资团队工程伦理教育策略

当今社会,只强调发展经济,容易出现精神匮乏;只重视技能提高,容易导致伦理丧失。工程师的道德伦理是一种内在品质,是在长期积累和学习过程中获得的。卓越的工程师，应该是杰出的专业技能和崇高的职业道德的完美统一；完整的工程教育，应该是良好的专业技能教育和非凡的伦理道德教育的有机结合。中国科学院研究生院工程与社会研究中心李伯聪教授说："在工程活动中，伦理因素是一个'渗透性'的要素，它深刻地渗透在工程活动的其他成分和要素之中；伦理因素既可能是促使工程成功的原因，也可能是导致工程出现问题的原因。从那些成功的'模范工程'中，我们看到了其中渗透着的高尚德性和德行，看到了高度负责的伦理精神和道德意识；而在那些'问题工程'中，人们毫无例外地感受到了其中散发出的道德败坏的气息。"[①]因而，培养卓越型工科科技人才，要重视灌输精益求精的专业知识、广泛的社会知识和综合的创造能力，更要在课程中添加高瞻远瞩的工程理念、卓越非凡的工程创新精神、深切的职业自觉意识、强烈的社会责任感和历史使命感的教育内容等。其中，直接影响着工程活动成败的是工程师的伦理素质，可见，工程伦理素养是杰出工程师最基本、最关键的品质，是卓越工程师的优秀精神品质的集中体现，也应当是高等工程教育的灵魂。

一、工程伦理教育概述

（一）工程伦理的内涵

国内外的学者从不同角度定义了工程伦理。从狭义上说，哈里斯等人所著的《工程伦理：概念和案例》一书中明确提道："工程伦理是一种职业伦理，必须与个人伦理和一个人作为其他社会角色的伦理责任区分开来。"余谋昌认为，"工程伦理，又称工程师伦理，是工程技术人员（包括技术员、助理工程师、工程师、高级工程师）在工程活动中，包括工程设计和建设，以及工程运转和维护中的道德原则和行为规范的研究"。从广义上说，是把工程伦理学研究的对象从对"工程师的职业伦理"的研究

[①] 李伯聪. 工程与伦理的互渗与对话——再谈关于工程伦理学的若干问题[J]. 华中科技大学学报（社会科学版），2006（4）.

扩展为对工程实践的研究，工程伦理渗透在工程活动的整个过程中，从设计构思到制造出厂，从客户使用到回收处理，每一个环节都牵涉伦理性质的问题。肖平认为，"工程伦理是伦理学的一个分支学科，工程伦理是以工程活动中的社会伦理关系和工程主体的行为规范为对象，进行系统研究和学术建构的理工与人文两大领域交叉融合的新学科"。这就是说，工程伦理既包括从微观角度上，工程师处理与客户、同事及雇主的关系，个人对项目应尽的职责；也包括从宏观角度上讲，工程师们对技术活动承担的职责更为宽泛，应该兼具社会意义。

由此可见，目前就工程伦理概念的内涵已经基本达成一致，即工程伦理可分为针对工程师而言的责任伦理和针对工程实践而言的团体伦理，并且认为后者因为工程的复杂性更应该成为工程伦理的主要研究内容。

总而言之，工程伦理是指人在实施工程行为的时候，在自觉保护生态、维护工程持续发展过程中，建构出来的工程主体所必须具备的真、善、美的道德精神，以及具体化为对工程行为的使命感、责任心、自觉心理与习俗等一系列的道德心理与道德规范。它是考察工程实践活动的价值维度，是以工程活动中的道德问题为研究对象的，其核心是一种职业伦理和社会精神。

多数学者都认为工程伦理教育是道德建设的组成部分，隶属于职业道德教育，是理工科高校通过专业教育与道德教育的结合来提高学生思想政治素质的有效方法，是培养21世纪高素质专业人才的需要。

（二）关于工程伦理教育的内容

就我国关于工程伦理教育内容的研究来看，在所能查找到的研究论文中几乎都能发现，其中不乏"仁者见仁，智者见智"的新观点，但整体来看多属重复，其基本观点大同小异。这些观点可概括为如下几种：

第一种认为工程伦理教育主要包括以质量意识和安全意识为核心的工程技术伦理教育、以工程责任意识为主要内容的工程职业伦理教育和以现代工程理念和生态环境意识为主题的工程社会伦理教育等内容。通过工程伦理教育使工程师能够在工程设计、建设、管理和修复过程中坚持职业道德和操守；能够对社会和环境的可持续发展作出合理的行为分析和判断；

能够兼顾工程业主、社会公众及自然环境的利益，作出符合人类共同利益要求的判断和抉择。

第二种认为工程伦理教育所讨论的是工程决策和设计、实施过程中关于工程与环境、工程与人、工程与社会的关系合乎一定社会伦理价值的思考和处理。这些内容关系到工程打造的"人工自然"与天然自然伦理关系的协调、生态平衡与可持续发展；关系到工程的空间布局，社会的人力、物力资源的调配，工程对城市、社会发展的近期与长远的影响；关系到工程对人的认知能力、价值取向、心理承受力、工作方式、生活方式及其思维方式的近期与长远的影响。

第三种分类是将工程的全生命周期视作界定工程中伦理问题的一个维度，美国学者马丁等人通过研究发现，在某个产品的整个生命周期中，从产品的设计、生产、制造、成型、使用直至报废，都蕴涵着道德问题和伦理性质问题，因而把工程伦理划分为工程设计、决策、实施以及评估与监督阶段的伦理问题。

由此看来，在工程伦理教育实践中并不缺乏教育内容以供选择，那么从众多的教育内容中选择适合且易于为教育对象所接受的教育内容，以形成教育的有效性，成为日后研究与探索的关键所在。

二、加强工程伦理教育的意义与价值

高等工程教育的主要目的是培养合格的工程技术人才，着重培养兼顾科学素质和伦理素质的工程专业素质，那么高等工程伦理教育也将有别于普通德育教育。

因而，应把高校学生工程伦理教育和专业课有机结合，在各门课程的内容设置中体现工程伦理的观点，把工程伦理内容融入各科教学中去。高等工程伦理的教育目标在于要明确工程学院学生作为未来工程师所扮演的社会角色，所需要承担的角色责任，所应该具备的职业道德情感，所坚定的职业价值观，最终把这些凝聚成道德行为落实在工程实践中。

（一）加强工程伦理教育是卓越工程师的内在要求

培养卓越工程师，除了要求他们具备专业技术能力、擅长技术的应用外，还要他们具有在利益冲突、道义与功利矛盾中作出道德决策的能力。爱因斯坦曾经说过，用专业知识教育人是不够的，通过专业教育，被教育者可以成为一种有用的机器，但是不能成为一个和谐发展的人。伦理教育最基本的要求是使学生对价值有所理解并且产生热烈的感情，同时必须对美和道德上的善有鲜明的辨别力。

（二）加强工程伦理教育是卓越工程师的迫切需求

创新能力、沟通能力、工程伦理观念都是工程活动中必不可少的素质。但在大部分高校，在工程教育的内容上过多地局限在技术方面，忽视了工程伦理的教育。现代的"大工程"教育一旦出现失败的情况，就会造成巨大的损失。

三、高校工程伦理教育存在师资薄弱问题

高等工程伦理教育师资的差距主要体现在投入上的不足，存在以下两种情况：一是从教师认识上来说，一些专业性很强的工科院校教师在某些工程学领域取得了一些成就，例如企业伦理、工程生态学等领域也与工程伦理学有着密切联系，这些教师具备卓越的科研能力和杰出的授课水平，只是对工程伦理学的重视程度不够，对工程伦理教育的必要性提出了质疑，没能充分重视工程伦理教育的实施和作用，造成了师资力量的缺失。这一师资问题与对工程伦理教育认识不足的问题是一脉相承的。二是从教师数量上来说，真正欠缺的是专业性的工程伦理教师。根据调查发现，多数情况都是思想政治老师、德育老师或者是指导就业的老师来承担学生职业道德教育的内容。对他们而言，因为没有进行过系统专业的培训，他们本身对工程伦理概念的内涵和外延也是比较模糊的，与学生相比，对工程伦理教育的认识同样没有呈现出足以实施教育的优势。高等工程伦理教育的普及和发展不仅需要致力于该研究的学者，更需要真正落实到实际教学中的践行者。

四、加强高校师资队伍素质建设，提高教学质量

师者，"传道、授业、解惑"，其中"道"就包含了进行伦理价值的教育。导致学生伦理价值培养遭遇瓶颈的原因之一就是重视教师专业知识与专业能力，而忽视了其专业伦理的倾向。我国工程类专业教师大多数是从学校毕业就到学校就业，他们的实践经历很有限，对于工程实践的伦理问题几乎没有过处理的机会。为了能适应"卓越计划"对工程技术人才培养的标准以及"卓越计划"对师资队伍建设的要求，高校需要努力建设一支专兼结合的师资队伍，要具备较高的教学水平、较强的实践能力和较好的道德品质。要实现这一目标，可以通过三条基本的实践路径。

（一）开展工程伦理培训

一是要进行针对全体教职人员的工程伦理普及教育，更好地提高全员对工程伦理教育重要性的认识。通过培训使所有教职人员能够意识到他们在学生工程伦理教育中所起到的重要作用，为高等工程伦理教育的顺利开展和实现提供保障。在教育实践中教师通过率先垂范、言传身教，把工程伦理教育贯彻到教学的各个细节中，在学校内部营造一种能够促进工程伦理教育的氛围，使学生直接或间接接受伦理教育。

二是要进行针对那些教授工程科目教师的培训。他们所精通的学科会广泛涉及工程伦理，例如一些工程伦理意义重大的领域，如基因工程、建筑工程、软件工程等。这些教师必须具备卓越的专业知识，同时掌握相关的伦理知识，深刻认识到工程伦理在这些领域中存在的意义和所发挥的作用，能够在传授这些学科知识的过程中将工程伦理理念和知识融入其中，同时，可以和学生一起就某些基本的价值问题进行平等对话与沟通，能够尊重学生主体选择的权利，注重学生价值认识和理解能力的提升，在辩论、批判、质疑的过程中，逐渐培养起学生的价值理性，从而加深并巩固学生所学的工程伦理知识在这些领域中的应用。

三是要进行针对教授工程伦理课程的教师的培训，这是培训工作的重头戏。工程伦理课程教师要适应工程伦理教育这种特殊性，既要熟知工程管理方面的知识，又要通晓哲学意义上的伦理原则，既要理解教授工程伦

理的意义，又要使学生在工程伦理知识、技能和价值观三个层面上达到预期目标，这是需要通过系统有效的培训才能实现的。

（二）进行跨学科的合作

研究工程伦理教育的交叉性发现，获取师资力量的有效手段是实现教师之间的跨学科合作。之前有学者建议，建立哲学系教师与工程学院教师之间的联合合作，即哲学系教师可以在工程学院作演讲，工程学院教师也可以在哲学系作公开课，两个系的教师可以一齐出席专业会议，展开讨论，协作研究。通过合作为工程学院教师和哲学系教师提供分享经验的契机；通过合作使得工程学院教师、哲学系教师和工程学院的学生从中获益。同样，在高等工程伦理教育中也可以采用这种模式，用跨学科的方法去教授工程伦理，可以开展哲学系老师与工科老师的合作，通过加强工科学院与哲学系之间的跨学科合作来培养对工程伦理的教与学做出贡献的师资队伍。

（三）培养"双师型"教师

"双师型"教师意味着教师一方面是传授理论知识的教师，另一方面是拥有实践经验的工程师。我们可以学习德国和法国在培养"双师型"教师方面的成功做法。

在德国，一是，在与企业的互动上，德国的工科大学比较积极。一方面，工程大学经常性地会从企业和行业聘请有工作经验的资深工程师作为学校的名誉教授，来学校免费为学生上课，同时，德国的企业界人士把这样的经历作为一种荣誉，象征着个人和企业显赫的社会地位，双方都热情参与来保证这一交流的持久性。另一方面，学校鼓励和支持本校教师到企业去任职，直接参与企业的设计、运行与评价，间接获取学校教学无法得到的经验，从而有效地运用到培养应用型工程师的课堂教学中。二是，在对教师的要求上，德国的工科大学比较严格。一方面对于已经就职于学校的教师和教职工，学校要求他们在设计、工艺和生产等方面多于工厂、企业进行交流，提供给他们到一线参观学习的机会，并鼓励他们多走出去进行实践调研。另一方面对于来参加聘任的新教师，学校高度重视其拥有的第一线知识与经验，看重其在工程技术一线和企业的工作经历，有的学校和专业对其工作年限还有特殊的要求。

同样在法国的学校，也有类似的条例和政策鼓励教师们到实践基地更新知识，重新充电。法国的学校允许工程专业教师暂时休假去企业进行短期学习，也可以离职休假长达两三年。

五、完善高等工程伦理教育内容，增强教育实效

高等工程伦理教育的内容是整个教育的重点，同时也是高等工程教育构想的核心。随着工程伦理的深入研究和工程伦理实践的发展，该内容会得到不断的充实完善，因而具有较大的可变性。由于其内部本身的复杂性，高等伦理教育的内容按照不同的角度可有不同的分类法。从广义上讲，工程伦理教育应该既包括对工程师的伦理教育，也包括对从事工程实践活动的政府、企业及工人的伦理影响；从狭义上讲，高等工程伦理教育针对未来将有可能成为工程师的在校工科学生。

高等工程伦理教育内容应包括工程伦理认识、工程伦理情感、工程伦理意志及工程伦理习惯四个不断递进的层次。

意识是对客观现实的反映形式，是人类大脑的客观形象，这是辩证唯物论的基本观点。认识、意识、思维、精神和物质存在对应，共同构成了哲学的基本范畴。意识观念的范畴很宽泛，一般意义上的价值观、信念和道德伦理等都属于意识，是人们长期以来形成在脑海里的对事物、对他人、对人生的看法和憧憬。工程伦理认知是工程师在具备一定的工程伦理知识的基础上形成的对于工程职业的理解，对其所应该承担的责任的清晰程度以及对于工程职业伦理规范的掌握等。工程伦理意识不是天生的，需要通过后天的教育培养和训练才能逐渐形成。因此，工程伦理教学首先就要改变学生伦理意识、责任意识淡漠的局面。加强工程伦理意识一方面是通过讲授已经制定好的伦理原则，给学生们灌输责任意识的种子，使其在未来工作中能够明辨善恶，行有所依；另一方面是不断提高学生的道德自律能力，不光依靠外在规范约束自己，而是可以通过自我调节把外在规范变成自我要求，发自内心深处认识到道德制约行为的重要性。"情感"因

素既是品德素质结构中不可缺少的具有本体性的重要因素，又是知和行相互转化的中介性桥梁。工程伦理情感包括工程师对其职业本身的热爱，对其工作原则的忠诚以及对其承担责任的重视等诸如此类的情绪体验。真正的教学过程中，学生虽然理解了工程伦理的含义，但内心深处并没有强烈的意愿，必然在行为上出现滞后情况。高等工程伦理教育就是要激起个体正确的工程伦理价值取向及感情偏向，进而形成关于工程伦理的"情感场"，这不仅需要依靠健全的规范制度，更依赖于人们日常真实生活情境的强化。

工程伦理意志是工程师在工程活动中体现出的特定的人格特征，是在困难时排除一切障碍的决心，是在诱惑时维护公众利益的态度，是在动摇时坚持原则的毅力等。具备顽强意志的工程师，能够不受外界干扰，遵从职业规范，履行工作责任，形成职业精神，完成实践任务，实现职业理想。反之，意志薄弱的工程师，容易左右摇摆，怀疑伦理认知，畏惧前进阻碍，丧失职业情感。工程伦理意志承接工程伦理情感和工程伦理行为，是完成整个工程伦理教育内容举足轻重的一部分。

行为实践是工程伦理形成的基础和来源，同时也是观念和情感的载体。工程伦理习惯是指在工程实践中工程师自觉主动地遵守职业伦理而展现出来的真实一面。这是职业伦理内化的结果，是自然行为的表露，是长期形成不易改变的。当工程师从遵守职业伦理到自觉控制行为到不需要深思熟虑就能表现出来，就实现了质的飞跃。

参考文献

［1］张光斗，王冀生．中国高等工程教育［M］．北京：清华大学出版社，1995．

［2］查建中，何永汕．中国工程教育改革三大战略［M］．北京：北京理工大学出版社，2009．

［3］［美］彼得·圣吉．第五项修炼：学习型组织的艺术与实务［M］．郭进隆，译．上海：上海三联书店，2002．

［4］吴遵民．现代终身学习论：通向"学习社会"的桥梁和基础［M］．上海：上海教育出版社，2008．

［5］张欣．高校教师分类激励机制研究［M］．北京：经济管理出版社，2010．

［6］李伯聪．工程与伦理的互渗与对话——再谈关于工程伦理学的若干问题［J］．华中科技大学学报（社会科学版），2006（4）．

［7］杨叔子，吴昌林，张福润．三论创新之根在实践［J］．高等工程教育研究，2003（2）．

［8］张光斗．工科大学的培养目标和培养模式［J］．高等工程教育研究，1996（3）．

［9］查建中．论"做中学"战略下的CDIO模式［J］．高等工程教育研究，2008（3）．

［10］曹南燕．对中国高校工程伦理教育的思考［J］．高等工程教育研究，2004（5）．

［11］田宝军，蒋芳．基于心理契约理论的教师激励机制研究［J］．四川师范大学学报（社会科学版），2009（2）．

［12］王艳娜，李锦华．工程院校青年教师工程实践能力培养研究［J］．中国科技信息，2011（13）．

[13] 王爱侠, 张燕, 刘钰. 基于"卓越计划"下的工程教育教师队伍建设研究[J]. 实验技术与管理, 2012（5）.

[14] 张炳君. 加拿大、美国高职院校师资队伍管理及启示[J]. 山西财政税务专科学校学报, 2009（6）.

[15] 李茂国. 中国工程教育全球化战略研究[J]. 高等工程教育研究, 2008（6）.